GOLDMANN
Lesen erleben

Buch

Die Psychologin Linda Blair erklärt, wie die Position in der Familie die Persönlichkeit formt und was sie über alle Klischees hinaus tatsächlich über Charakter, Beziehungen und Berufswahl verraten kann. Außerdem untersucht sie die wichtigsten Faktoren, die diese typischen Eigenschaften ebenfalls beeinflussen – beispielsweise Erziehungsmethoden, Geschlecht und zeitlichen Abstand zwischen Geschwistern –, und erläutert all dies anhand zahlreicher Fallbeispiele. Auf lebendige und persönliche Weise geht die Autorin der Frage auf den Grund, warum wir aufgrund unserer Familienposition so und nicht anders denken, fühlen und handeln.

Der Leser entwickelt ein besseres Bewusstsein für die eigenen Stärken und Schwächen, und mit Hilfe dieser Selbsterkenntnis wird er in Zukunft seine Entscheidungen klarer treffen können. Außerdem fällt es dadurch leichter, auf persönliche Eigenschaften stolz zu sein, diese nach Kräften zu nutzen und Selbstvertrauen aufzubauen.

Autorin

Linda Blair ist klinische Psychologin mit über 30 Jahren Berufserfahrung. Sie studierte in Harvard und an der University of London und führt nun eine eigene Praxis in Bath. Sie schreibt regelmäßig für *Guardian* und *Junior Magazine*.

Linda Blair

Großer Bruder, kleine Schwester

Wie unsere Position in der Familie unseren Charakter prägt

Aus dem Englischen
von Imke Brodersen

GOLDMANN

Alle Ratschläge in diesem Buch wurden von der Autorin und vom Verlag sorgfältig erwogen und geprüft. Eine Garantie kann dennoch nicht übernommen werden. Eine Haftung der Autorin beziehungsweise des Verlags und seiner Beauftragten für Personen-, Sach- und Vermögensschäden ist daher ausgeschlossen.

Verlagsgruppe Random House FSC-DEU-0100
Das für dieses Buch verwendete FSC®-zertifizierte Papier
Classic 95 liefert Stora Enso, Finnland.

1. Auflage
Deutsche Erstausgabe Juni 2012
Wilhelm Goldmann Verlag, München,
in der Verlagsgruppe Random House GmbH
© 2012 Wilhelm Goldmann Verlag, München,
in der Verlagsgruppe Random House GmbH
© 2011 Linda Blair
Originaltitel: Birth Order. What Your Position in the Family
Really Tells You About Your Character
Originalverlag: Piatkus, an imprint of
Little, Brown Book Group Ltd., London
Umschlaggestaltung: Uno Werbeagentur, München
Redaktion: Kerstin Uhl
Satz: Uhl + Massopust, Aalen
Druck und Bindung: GGP Media GmbH, Pößneck
BK · Herstellung: IH
Printed in Germany
ISBN 978-3-442-17312-9
www.goldmann-verlag.de

Für meine Geschwister –
Paul, Becca, Judy, Penny und Christen

Inhalt

Einleitung

Vermutlich gibt es kaum ein Thema, das uns derart fasziniert wie der menschliche Charakter. Jeder Mensch möchte sich selbst besser kennen lernen und sich so gut wie möglich mit seiner Denkweise, seinen Gefühlen und seinen Verhaltensweisen arrangieren. Vielleicht ist das der Grund, weshalb die Bedeutung unserer Position in der Geschwisterreihe so einleuchtend erscheint – sie ist eine verblüffend einfache Methode, uns selbst und andere besser zu verstehen. Aber was sagt die eigene Position tatsächlich über uns aus? Können wir dadurch besser begreifen, warum wir so sind, wie wir sind? Hilft sie womöglich bei der Einschätzung, wie jemand sich in bestimmten Situationen vermutlich verhalten wird und wie wir mit anderen umgehen?

Viele Menschen sind – meiner Ansicht nach zu Recht – der Meinung, dass der persönliche Platz im Familiengefüge durchaus von Bedeutung ist. Ob wir das erste, ein mittleres, das letzte oder das einzige Kind sind, muss einen Einfluss auf unser Denken,

Fühlen und Verhalten haben. Warum also haben wir oft so ein ungutes Gefühl, wenn wir überlegen, wie sich unsere Position in der Familie auf unsere Charakterbildung auswirkt? Und warum treffen die Beschreibungen am Ende doch nie so richtig zu?

In meinen Augen liegt dies daran, dass noch niemand unsere Position in der Geschwisterreihe als *relative* Rolle angesehen hat. Es wurde also noch nicht hinterfragt, ob sie für sich allein steht oder nur einen von vielen Bausteinen unseres Selbst darstellt. Zwar gibt es viele plausible Erklärungen für »typische« Eigenschaften von Erstgeborenen, Mittelkindern und Nesthäkchen, aber bisher wurde die Position in der Geschwisterreihe meines Wissens noch nicht im Zusammenhang betrachtet.

Jeder, der sich eingehend mit der Natur des Menschen auseinandergesetzt hat, weiß, dass zahlreiche Faktoren zu unserer charakterlichen Entwicklung beitragen – Erziehungsmethoden, Umzüge, ob die Eltern sich getrennt haben oder zusammengeblieben sind, eventuelle traumatische Erfahrungen und so weiter.

Natürlich entwickelt sich jeder Mensch sein Leben lang weiter, aber die Grundzüge des Charakters werden in der Kindheit angelegt, insbesondere im Zeitraum von der Zeugung bis zu den ersten Schulerfahrungen im Alter von sechs oder sieben Jahren. Erfahrungen in der späteren Kindheit, im Jugend- und im Erwachsenenalter spielen selbstverständlich auch eine Rolle, doch ist diese eher untergeordnet. Deshalb werde ich mich vornehmlich auf die frühen Jahre konzentrieren und unter anderem folgenden Fragen nachgehen:

- Was macht ein Individuum – selbst eineiige Zwillige, die bei denselben Eltern im selben Haushalt aufwachsen – so einzigartig?
- Warum sind manche Menschen ehrgeiziger als andere?
- Warum sind manche Menschen selbstsicher und andere so leicht zu verunsichern?

Aus den verschiedenen Einflüssen auf unseren Charakter, die man berücksichtigen *könnte*, habe ich diejenigen ausgewählt, die sich meiner Ansicht nach am stärksten und langfristigsten auswirken. Unter den unzähligen denkbaren Faktoren, welche die Charakterentwicklung beeinflussen, habe ich somit einen Teil umschifft, um Ihnen nur die üblichen Verdächtigen vorzustellen.

Wie können Sie von diesem Wissen profitieren?

Sich selbst besser kennen lernen

Ein gründlicher Blick auf die Art und Weise, wie Sie Ihre Position in der Familie eingenommen oder sich davon gelöst haben, ist ein ausgezeichneter Ansatzpunkt, um über die eigene Vergangenheit nachzudenken – über Ihre Erziehung, Beziehungen zu Geschwistern und anderen Menschen, Brüche in der familiären Biografie und so weiter. Im Laufe dieses Prozesses wird Ihnen zunehmend klarer werden, welchen Einflüssen Sie ausgesetzt waren und wie und wann Sie sich verändert haben.

Was Sie hier erfahren, ermöglicht Ihnen auch ein besseres Verständnis, warum Sie Ihre Beziehungen heute so und nicht anders gestalten und warum manche darunter so selbstverständlich erscheinen und so leicht zu erhalten sind, während andere Ihnen eher Probleme bereiten. Sie werden allmählich verstehen, wie die Beziehungen, die Sie eingehen, ein Leben lang die Muster widerspiegeln, die bereits in Ihrer Kindheit angelegt wurden.

Andere Menschen besser verstehen

Schon das Wissen, an welcher Stelle der Geschwisterreihe jemand geboren wurde, erlaubt diverse Rückschlüsse auf sein Verhalten, seine Denkweise und seine Empfindungen. Mit einigen weiteren Fragen zum persönlichen Hintergrund, die sich auf die anderen wichtigen Faktoren beziehen, die ich noch skizzieren werde, können Sie noch mehr über den Charakter Ihres Gegenübers und das, was ihn umtreibt, in Erfahrung bringen.

Wichtige Entscheidungen in einem neuen Licht sehen

Dank so vieler neuer Informationen über uns selbst und die Menschen, mit denen wir zu tun haben, können wir andere mit ganz anderen Augen und deutlich vielschichtiger wahrnehmen – in dem Wissen, dass der Charakter aus einer Vielzahl miteinander verwobener Faktoren erwächst. Ihr neuer Blickwinkel auf die Natur des Menschen dürfte eine unschätzbare Hilfe sein, wenn Sie bei wichtigen Weichenstellungen überlegen, was in diesem Fall das Beste wäre – ob bei der Partnerwahl oder bei der Entscheidung für oder gegen eine bestimmte berufliche Laufbahn.

Wo stehen die Antworten auf Ihre Fragen?

Dieses Buch umfasst zwei Hauptteile. Im ersten Teil geht es um die vier wichtigsten Positionen in der Geschwisterreihe – Erstgeborene, Sandwichkinder, Nesthäkchen und Einzelkinder – und deren typische Eigenschaften. Außerdem finden Sie hier jeweils eine Momentaufnahme des durchschnittlichen familiären Umfelds für jede Position aus der Sichtweise desjenigen, der genau diesen Platz in der Familie einnimmt, und können so beispielsweise nachvollziehen, was für ein Partner und welche berufliche Laufbahn diesen Menschen besonders anspricht. Teil 1 ist somit der Grundstock, der dazu verhilft, den eigenen Charakter besser zu verstehen.

Im zweiten Teil des Buches ergänze ich diese »typischen« Eigenschaften um einige bedeutsame Faktoren, mit denen das grobe Raster persönlicher gefärbt wird. Dafür werden vier wichtige Einflüsse berücksichtigt, denen jeweils ein eigenes Kapitel zukommt:

- **Die Eltern.** Was wissen wir über unsere wichtigsten Bezugspersonen? (Mit »Bezugspersonen« meine ich diejenigen, die für Sie die Elternrolle übernommen haben; das sind zumeist die biologischen Eltern oder zumindest einer von ihnen, mitunter aber auch Adoptiveltern, Stiefeltern, Pflegeeltern oder die Großeltern.) Welche Einstellungen hatten diese Menschen zur Elternschaft allgemein und zu uns persönlich? Wie wurden sie selbst als Kinder großgezogen? Was haben sie erlebt, während wir heranwuchsen?

- **Die Geschwister.** In diesem Kapitel geht es um den zeitlichen Abstand zwischen den Geschwistern, die verschiedenen Geschlechter, die Gesamtzahl der Kinder in der Familie und die Frage, welchen Einfluss diese Faktoren in unserer Kindheit auf uns hatten. Außerdem werfe ich einen Blick auf die gewaltigen Auswirkungen, die der Tod eines Bruders oder einer Schwester haben kann, aber auch darauf, wie Geschwister mit besonderen Bedürfnissen unseren Charakter geprägt haben könnten.

- **Brüche in der Familienbiografie.** In diesem Zusammenhang geht es um Ereignisse, die eine Familie zwingen, sich neu zu organisieren – Trennung bzw. Scheidung der Eltern, neue Partner und Stief- oder Patchworkfamilien –, und deren Auswirkungen. Des Weiteren untersuchen wir, wie ein Kind einen Umzug, die Rückkehr bereits ausgezogener Geschwister und den Umgang mit gebrechlichen oder kranken Verwandten erlebt.

- **Andere wichtige Beziehungen.** Möglicherweise hat auch ein Verwandter, Lehrer oder Freund, ein Freund der Eltern oder ein anderer Außenstehender schon früh unsere Entwicklung, unsere Überzeugungen oder unsere persönlichen Einstellungen nachhaltig beeinflusst. Wir werden uns näher ansehen, wie solche Menschen den Charakter prägen können. Außerdem definieren wir den Begriff »Missbrauch« und setzen uns mit möglichen Folgen derartiger Beziehungen auf den Charakter auseinander.

Daneben möchte ich zwei weitere Entwicklungsfaktoren einbeziehen: die miteinander verknüpften Einflüsse der Gene und der Umwelt auf den Charakter sowie etwas, das ich als »Aha-Momente« bezeichne – der Moment, in dem uns ein Licht aufgeht. Beides wirkt sich selbstverständlich ebenfalls auf die Persönlichkeitsentwicklung aus und steht zudem in Wechselwirkung mit den »typischen« Eigenschaften unserer Position in der Geschwisterreihe, wenn auch vielleicht nicht im gleichen Maße wie die oben aufgeführten vier Hauptfaktoren.

Sowohl der erste als auch der zweite Teil des Buches können separat gelesen werden. Wenn Sie also beschließen, dass Sie lediglich mehr über die Charakterzüge erfahren möchten, die für eine bestimmte Position in der Familie typisch sind, werden Sie sich sicher zunächst Teil 1 zuwenden. Dort erfahren Sie auch, wie diese Eigenschaften sich auf die eigene Partner- und Berufswahl auswirken dürften. Wer sich hingegen mehr für die Faktoren interessiert, welche die

»typischen« Eigenschaften der eigenen Position beeinflussen, sollte mit dem zweiten Teil des Buches beginnen, denn mit diesem Wissen können Sie das Typische in ein genaueres Bild von sich selbst abwandeln.
Wenn Sie alle Erkenntnisse aus Teil 1 und 2 zusam-
menfügen, können Sie ein entlarvendes Profil von
sich selbst oder anderen, über die Sie mehr erfahren
möchten, erstellen und damit mehr Verständnis dafür
entwickeln, warum Sie selbst (oder andere) sich so
und nicht anders verhalten.

Im gesamten Buch sind Fallbeispiele eingestreut,
die zum besseren Verständnis meiner theoretischen
Erläuterungen dienen sollen. Da ich mittlerweile seit
über 30 Jahren als kognitive Verhaltenstherapeutin
arbeite, stand mir glücklicherweise reichlich Material zur Verfügung, aus dem ich auswählen konnte.
Darum lernen Sie gewissermaßen nicht nur von mir,
sondern auch von Hunderten meiner Patienten, die
mir offen und ehrlich von ihren Erfahrungen berich-
tet haben. Alle Fallbeispiele basieren auf echten Fällen. Namen und nähere Einzelheiten wurden jedoch
verändert und die Fälle so miteinander verschmolzen,
dass die Vertraulichkeit gewahrt und die Privatsphäre
meiner Patienten geschützt bleibt.

Über mich

Da es in diesem Buch um Familienkonstellationen und ihren Einfluss auf die charakterliche Entwicklung geht, wollen Sie vermutlich auch gern mehr über mich erfahren.

Meine Kindheit in den 1950er- und 1960er-Jahren verbrachte ich im Mittleren Westen der USA. Ich war das älteste von sechs Kindern, die in relativ kurzem Abstand aufeinander folgten – fünf Mädchen und ein Junge. Meine Eltern haben beide sehr viel gearbeitet, was zu dieser Zeit eher unüblich war, so dass es an Angeboten zur Kinderbetreuung mangelte. Deshalb übernahm ich schon sehr früh Verantwortung für meinen Bruder und meine Schwestern.

Wenn ich die oberste Regel meiner Eltern für ihre Elternrolle definieren müsste, würde ich sagen, dass nur harte Arbeit Erfolg verspricht. Darüber hinaus waren sie davon überzeugt, dass jeder praktisch alles vermag, wenn er sich nur ausreichend bemüht und lange genug durchhält. Meine Eltern erwarteten von uns, dass wir uns sehr hohe Ziele steckten und hohe Erwartungen an uns hatten, auf die wir dann gezielt hinzuarbeiten hätten.

Weil meine Eltern beruflich so engagiert waren, waren wir sechs Kinder häufig auf uns selbst gestellt. Mit der Zeit verließen wir uns daher womöglich mehr aufeinander als auf jeglichen Erwachsenen in unserem Leben. Letztlich zählten – und zählen – die Beziehungen zu meinen Geschwistern zu den wichtigsten Beziehungen meines Lebens.

Wir hatten auch eine sehr enge Beziehung zu den Eltern meiner Mutter, die zwar 700 Meilen entfernt lebten, uns aber häufig besuchen kamen, um sich um uns zu kümmern. Für mich waren – im Gegensatz zu meinen Geschwistern – eher meine Großeltern die Hauptbezugspersonen. Das lag vermutlich daran, dass meine Eltern mir mehr Verantwortung übertrugen, als mir lieb war. Deshalb suchte ich mir jemand anderen, der sich um mich kümmern und mich wieder aufbauen sollte.

Inzwischen habe ich selbst drei Kinder. Die älteren beiden sind Jungen, das jüngste ist ein Mädchen, und alle drei wurden schon als Babys adoptiert. Da ich kaum etwas über ihre leiblichen Eltern weiß, war ich ganz auf eigene Beobachtungen und Mutmaßungen angewiesen. Letztlich war es unmöglich, sich konkreter auszumalen, wie sie sich entwickeln würden, so dass jedes meiner Kinder reichlich Gelegenheit hatte, seine eigenen einzigartigen Eigenschaften zu entwickeln. Auf jeden Fall unterscheiden sie sich erheblich voneinander und haben völlig verschiedene berufliche Laufbahnen eingeschlagen.

Als Adoptivmutter war mir zudem stets bewusst, wie wichtig der Einfluss der Familienposition ist, in der das Kind aufwächst – im Gegensatz zu der Po-

sition, den das Kind in der biologischen Familie eingenommen hätte. Meine drei Kinder waren bei ihren
eigenen Eltern jeweils Erstgeborene, sind jedoch mit
den typischen Vor- und Nachteilen eines Erst-, Zweit-
und Letztgeborenen aufgewachsen. Bei jedem von ihnen sind daher viele der üblichen Eigenschaften ihrer
Position in der Geschwisterreihe zu erkennen.

Mein ältester Sohn übernimmt gern die Führung –
und auch die Verantwortung. Konkurrenz spornt ihn
an, und er verfolgt sehr ehrgeizige Ziele. Bei meinem
mittleren Sohn ist die Sache etwas komplizierter, weil
er wegen einer Behinderung in vielerlei Hinsicht kein
typisches Mittelkind ist. Andererseits lässt er sich
leicht von anderen überzeugen, kleidet sich unkonventionell und wollte lieber einen nicht akademischen
Beruf ausüben, als weiter zur Schule zu gehen. Meine
Jüngste ist äußerst kreativ und rebelliert gern gegen
herkömmliche Ansichten. Da sie meine einzige Tochter ist, ist sie jedoch gleichzeitig auch eine »Erstgeborene« (darauf werden wir im zweiten Teil des Buches
näher eingehen), das heißt, sie ist gut organisiert und
verantwortungsbewusst, verlangt sich viel ab und erzielt außerordentlich gute Leistungen.

Das sind natürlich nur Beobachtungen aus einer
einzigen Familie, doch es zeigt immerhin, welche erheblichen Auswirkungen die eigene Position in der
Familie haben kann.

Ausblick

Ich hoffe, dieses Buch wird meinen Leserinnen und Lesern zu einem tieferen Verständnis für sich und andere verhelfen. Anstatt jedoch Menschen in Schubladen zu stecken, werden Sie lernen, wie man die Familienposition als aussagekräftigen Ausgangspunkt verwenden kann, von dem aus sich die Komplexität des menschlichen Charakters leichter erschließt: Warum Menschen bestimmte Einstellungen und Überzeugungen haben und wie diese entstanden sind. Gleichzeitig dürften Sie ein besseres Bewusstsein für die eigenen Stärken und Schwächen entwickeln und aufgrund dieser Selbsterkenntnis in Zukunft bessere Entscheidungen treffen können. Insbesondere aber hoffe ich, dass es Ihnen leichterfallen wird, auf Ihre ganz persönlichen Eigenschaften stolz zu sein, diese nach Kräften zu nutzen und dadurch Ihr Selbstvertrauen zu stärken.

Teil 1

Die vier wichtigsten Positionen
in der Geschwisterreihe

1. Erstgeborene

Wir beginnen nicht nur mit dem ersten Kind in der Familie, sondern auch mit der häufigsten Position in der Geburtenfolge. Da der Trend seit Jahren zu kleineren Familien geht, ist dies natürlich keine große Überraschung. Im Jahr 2010 waren Schätzungen zufolge knapp 40 Prozent der Briten Erstgeborene, eine Zahl, die in den nächsten Jahren auf 50 Prozent ansteigen wird. Daher erscheint es verständlich, dass über Erstgeborene deutlich mehr Bücher und Artikel veröffentlicht werden als über jede andere Position in der Geschwisterreihe.

Problematisch daran ist, dass die »besonderen« Eigenschaften von Erstgeborenen so zahlreich erscheinen und so viele Bereiche abdecken, dass Sie sich vermutlich fragen, was diese Menschen denn nun wirklich von anderen unterscheidet. Darum werfen wir zunächst einen Blick auf das, was wahrscheinlich während ihrer Kindheit geschehen ist, insbesondere auf das, was Erstgeborene allein erlebt haben und wie sie sich von späteren Geschwistern unterscheiden.

Das familiäre Umfeld

Die Geburt des ersten Kindes ist für Eltern eine überwältigende Erfahrung. Natürlich ist jede Geburt etwas Einzigartiges und Kostbares, aber wenn dieser ganze Vorgang etwas völlig Neues ist, sind die elterlichen Gefühle besonders stark. Vergleichen Sie die Zahl der Fotos und Erinnerungsstücke der Eltern an ihr erstgeborenes Kind mit dem, was für die anderen Kinder aufgehoben wurde. In der Regel ist davon auszugehen, dass die meisten Erstgeborenen bei Eltern aufwachsen, die ihre Existenz als beglückendes Wunder empfanden. Diese einzigartige Stellung in der Familie hat jedoch nicht nur positive Folgen, sondern auch negative.

Positiv daran ist, dass die Eltern dem Erstgeborenen besonders viel Zeit und Aufmerksamkeit zukommen ließen – dieses Kind wurde höchstwahrscheinlich häufiger in den Arm genommen und beachtet als alle jüngeren Geschwister, und es wurde mehr mit ihm gesprochen. Damit hatte es mehr Gelegenheit, Sprache zu hören und Erwachsene – das heißt, reifere Personen – im Umgang miteinander zu beobachten. Diese Gelegenheiten, die eigene Muttersprache zu hören und schon sehr früh selbst darauf zu reagieren, schärfen dauerhaft die Kommunikationsfähigkeit und sorgen für Geschick im Umgang mit anderen Menschen, was auf vielerlei Weise das Leben erleichtert. Besonders die Fähigkeit, sich klar auszudrücken, verhilft Erstgeborenen meist zu guten schulischen Leistungen und verspricht auch im weiteren Berufsleben Erfolgsaussichten.

Nachteilig war möglicherweise, dass für die Eltern alles ganz neu war. Selbst wenn sie sich bereits um andere Kinder gekümmert hatten, waren sie zum ersten Mal Eltern – das Erstgeborene war das erste »Vollzeitkind« sowie das erste *eigene* Kind. Das bedeutet fast unausweichlich, dass sie in ihrem Tun nervöser waren, und weil Säuglinge wie auch ältere Kinder die Stimmungen ihrer Bezugspersonen sehr genau registrieren, haben sie diese Nervosität wahrgenommen. Deshalb sind Erstgeborene häufig vorsichtiger als Kinder von erfahreneren Eltern.

Außerdem sind Erstgeborene zu Beginn ihres Lebens oft fast ausschließlich von Erwachsenen umgeben. Da wir dazu neigen, uns an den Menschen zu messen, in deren Nähe wir uns am häufigsten aufhalten, haben sie sich vielleicht schon von klein auf angewöhnt, sich mit anderen zu vergleichen, die schon viel mehr konnten als sie. Deshalb haben sie wahrscheinlich hohe – häufig unrealistisch hohe – Erwartungen an sich selbst, was dazu führt, dass sie von ihren Leistungen oft enttäuscht sind, selbst wenn viele Außenstehende finden, dass sie ihre Sache ausgezeichnet machen.

Das Umfeld, in das sie hineingeboren wurden, bot

also viele Vorteile in Form von reichlich Aufmerksamkeit, sprachlicher Zuwendung und Gelegenheiten, gute soziale Fähigkeiten zu beobachten, aber auch gewisse Nachteile, zum Beispiel relativ wenig Gelegenheit, sich besser einzuschätzen als andere, und eine eher angespannt besorgte Atmosphäre in der frühen Kindheit.

Typische Eigenschaften von Erstgeborenen

Erstgeborene zeichnen sich sehr häufig durch die folgenden Eigenschaften aus:

Erstgeborene haben ein starkes Bedürfnis nach Bestätigung, insbesondere durch Autoritätspersonen

Wie Einzelkinder und Nachzügler mit einem deutlichen Abstand zum vorhergehenden Kind erleben Erstgeborene eine Zeitspanne, in der die Eltern ihnen ungeteilte Aufmerksamkeit schenken können. Im Gegensatz zu den anderen beiden geht diese exklusive Position jedoch früher oder später verloren. Das bedeutet, dass sie irgendwann anfangen müssen, das zu teilen, was sie zuvor ganz für sich alleine hatten. Da dieser wichtige Verlust normalerweise schon früh eintritt – innerhalb der ersten vier Lebensjahre und damit noch ehe das Gefühl für die persönliche Position in der Familie und für Sicherheit voll entwickelt ist –, wird dieses Verlangen nach Bestätigung wahrscheinlich von Dauer sein. Mit anderen Worten: Ganz gleich, wie viel Lob und Bewunderung Erstgeborene ernten, sie werden sich wahrscheinlich immer noch mehr wünschen.

Aus diversen Gründen – vielleicht weil sie auf keinen Fall ihre Eltern ärgern wollten, indem sie zeigten, wie bedürftig sie sich in Wahrheit fühlten, oder vielleicht auch, weil sie einfach keine Ahnung hatten, wie sie die Eltern von dem neuen Familienmitglied ablenken sollten – suchten Erstgeborene sich diese Bestätigung durch Erwachsene schließlich oft anderswo. Dadurch wurde bald jeder, der eine Machtposition innehatte, zu jemandem, dem sie Freude machen wollten, denn ein Mensch mit Macht ist letztlich auch eine Elternfigur.

Eng damit verknüpft ist möglicherweise die Neigung, Kritik durch Autoritätspersonen sehr persönlich zu nehmen. Auch diese Reaktion hängt mit dem Verlust der exklusiven elterlichen Aufmerksamkeit zusammen. Kritik kann gefühlsmäßig wie eine Zurückweisung ankommen und rührt daher rasch an die unterschwellige Angst, bei denjenigen, die für das eigene Wohlergehen zuständig sind, durch jemand anderen verdrängt zu werden. Diese Gefühle sind für viele Erstgeborene besonders irritierend, weil sie nicht wissen, warum ihnen Kritik derart zu schaffen macht.

Erstgeborene sind gesetzestreu und konservativ und akzeptieren bestehende Regeln und Vorschriften

Wer sich darum bemüht, Autoritätspersonen zu gefallen, akzeptiert auch deren Regeln und identifiziert sich mit ihren Wertvorstellungen. Daraus erwächst eine geringere Wahrscheinlichkeit, mit dem Gesetz in Konflikt zu geraten, zumal man sich der sozialen Regeln und Vorschriften der Gesellschaft bewusst ist und diese respektiert.

Erstgeborene neigen zudem zu eher konservativen Ansichten. Sie wissen Traditionen zu schätzen und sind bereit, zu älteren, etablierten und angesehenen Mitgliedern der Gesellschaft aufzusehen. Neue Ideen und Innovationen erscheinen ihnen unter Umständen bedrohlicher als Menschen, die andere Plätze in der Geschwisterreihe einnehmen. Aus diesem Grund halten sich Erstgeborene eher an das, was sie wissen, als neue, unerprobte Ansätze und Ideen auszuprobieren.

Erstgeborene wollen das Ruder übernehmen,
verantwortlich handeln und streben
Führungspositionen an

Viele Erstgeborene hegen nicht nur Bewunderung für
die Machthaber, sondern wollen wie diese werden, das
heißt selbst die Macht übernehmen. Das ist jedoch
nicht unbedingt immer das beste Motiv! Wenn ein
Mensch etwas verliert, das ihm wirklich wichtig ist –
bei Erstgeborenen die ungeteilte Aufmerksamkeit der
Eltern –, versucht er oder sie gern, jemand zu werden,
der anderen das gibt, was ihm selbst verloren gegangen ist. Deshalb streben manche Erstgeborenen ewig
nach Positionen mit immer mehr und mehr Macht.
Da das Bedürfnis, das dadurch gestillt werden soll,
jedoch in der Vergangenheit wurzelt, kann das Erreichte sie nie zufrieden stellen, sondern sie suchen sofort nach neuen Möglichkeiten, Autorität auszuüben.
Diese hungrige Suche bringt immer neue Schwierigkeiten mit sich: Sobald man die Position innehat, die
man unbedingt haben wollte, ist man natürlich auch
Kritik ausgesetzt. Damit setzt sich leicht ein Teufelskreis in Gang, denn Menschen in Führungspositionen kommen meistens zu dem Schluss, dass die kritischen Stimmen erst verstummen werden, wenn sie
noch mehr Macht haben.

Es gehört eine gehörige Portion Einsicht dazu, sich
von dieser verzweifelten Suche nach Bestätigung von

außen zu lösen und das Lob und die Sicherheit, die gerade Erstgeborene so dringend benötigen, in sich selbst zu suchen. Leider erreichen nur wenige Erstgeborene irgendwann diesen Grad an Weisheit und Selbstsicherheit.

Fakt ist jedoch, dass Erstgeborene überproportional häufig in Führungspositionen anzutreffen sind. Zum Beispiel waren mehr US-Präsidenten und britische Premierminister Erstgeborene, als statistisch zu erwarten wäre. Dasselbe gilt für die Vorstandsvorsitzenden und Geschäftsführer der meisten Firmen und Organisationen.

Erstgeborene zeigen meist gute schulische Leistungen

Sie sind gute Schüler im traditionellen Sinne: Erstgeborene machen ihre Hausaufgaben und akzeptieren normalerweise fraglos, was ihre Lehrer – die immerhin Autoritätspersonen sind – ihnen sagen. Natürlich erzielen auch Individuen, die andere Plätze in der Rangfolge der Geburt einnehmen, oftmals gute Noten. Sie haben jedoch andere Beweggründe.

Erstgeborene möchten es in erster Linie ihren Eltern und Lehrern recht machen (auch wenn sie durch die zunehmende Auseinandersetzung mit dem Lernstoff vielleicht irgendwann selbst davon fasziniert sind). Nachgeborene wählen ihre Spezialgebiete dagegen meist aus persönlichem Interesse. Diese Motivation treibt sie mindestens ebenso an wie der Wunsch, ihren Eltern und Lehrern Freude zu machen.

Ein weiterer Grund, warum Erstgeborene gute Schulleistungen nach Hause bringen, ist ihr Vorsprung in der sprachlichen Entwicklung. Da sie das erste Kind waren, hatten die Eltern meist mehr Zeit, sich mit ihnen zu unterhalten. Damit hatten Erstgeborene häufig die Gelegenheit, ihre Muttersprache klar und deutlich zu vernehmen. Höchstwahrscheinlich wurde ihnen auch mehr zugehört als ihren jüngeren Geschwistern. Da Erfolg im Bildungssystem in hohem Maße von Sprachverständnis und guten Kommunikationsfähigkeiten abhängt, sind gut entwickelte sprachliche Fertigkeiten schulisch ein enormer Vorteil.

Erstgeborene sind normalerweise gut organisiert und verantwortungsbewusst

Wie Sie sich sicher vorstellen können, haben Erstgeborene bis zur Volljährigkeit reichlich Gelegenheit, Verantwortung für andere zu übernehmen. Sie haben beobachtet, wie ihre Eltern und andere sich um jüngere Geschwister gekümmert haben, also immer wieder miterlebt, wie man mit anderen umgeht, aber auch wie man einen Haushalt organisiert. In der Regel werden ihnen, weil ihre Eltern einfach auf sie angewiesen sind, auch immer wieder Aufgaben übertragen, bei denen sie ihre Tüchtigkeit schon unter Beweis stellen konnten.

Diese Übung wie auch ihre Beobachtungen haben den Erstgeborenen während des Heranwachsens gute Dienste geleistet. Wenn es darum geht, wer das Kommando übernimmt, werden andere sich aufgrund ihrer Organisationsfähigkeiten und ihrer offenkundigen Kompetenz gern an sie wenden. Zudem sind sie es längst gewohnt, dass andere ihre Hilfe brauchen, und treten daher meist als Erster vor, wenn irgendeine Arbeit zu verteilen ist. Außerdem sind sie häufig derjenige, der andere organisiert und den Anstoß gibt, wenn gemeinsame Anstrengungen erforderlich sind.

In Kombination mit dem guten sprachlichen Ausdrucksvermögen ist daher leicht nachvollziehbar, warum Erstgeborene andere problemlos überzeugen können, ihnen Führungsaufgaben zu übertragen. Und das gefällt ihnen natürlich, denn genau dort wollen sie ja hin.

Erstgeborene sind fürsorglich

Als Erwachsene sind es oft Erstgeborene, die sich um andere Menschen kümmern; sie wählen häufig Berufe aus dem sozialen Bereich oder aus dem Erziehungs- und Bildungswesen. Teilweise liegt das natürlich daran, dass ihnen derartige Rollen bereits geläufig sind. Allerdings geht es auch darum, dass solche Positionen für sie mit Lob und Aufmerksamkeit durch Autoritätspersonen verknüpft sind.

Die meisten Erstgeborenen sind allerdings recht wählerisch bezüglich der *Art* der Fürsorge, die sie übernehmen. Sie neigen eher dazu, sich innerhalb der herkömmlichen Institutionen um andere zu kümmern und diese auszubilden, und weniger zu unkonventionellen Hilfestellungen. Insofern sehen sich Erstgeborene oft lieber als Lehrer, Krankenpfleger oder Arzt und weniger als, sagen wir, Heilpraktiker oder Kinesiologe.

Bisher haben wir uns eher mit den vielversprechenden oder zumindest nicht abschreckenden Eigenschaften von Erstgeborenen beschäftigt. Doch auch wenn Eltern gerade die Geburt ihres ersten Kindes in der Regel als ein kleines Wunder empfinden und ihm jede erdenkliche Liebe und Aufmerksamkeit zukommen lassen, sind die Auswirkungen auf die Charakterentwicklung, wie bereits angedeutet, nicht ausschließlich positiv. Hier kommen zwei weniger hilfreiche Charakterzüge, mit denen sich das erste Kind einer Familie arrangieren muss:

Erstgeborene sind oft ausgesprochen selbstkritisch und verzeihen sich Fehler nicht so leicht

Sie möchten auf keinen Fall etwas falsch machen, und niemand soll ihnen etwas Schlechtes nachsagen können. Diese Eigenschaft beruht auf der Furcht vor Zurückweisung. Wer so viel von sich erwartet und es so persönlich nimmt, wie andere einen einschätzen, kann schlecht damit umgehen, wenn nicht das vollbracht wird, was von einem erwartet wurde – oder wenn sich womöglich die hochgesteckten eigenen Erwartungen nicht erfüllen.

Diese überaus kritische Selbsteinschätzung gilt besonders, wenn das nachfolgende Geschwisterkind in relativ kurzem zeitlichen Abstand geboren wurde, also noch während der Phase, in der Kinder glauben, dass sie für alles, was geschieht, selbst verantwortlich sind. Davon gehen Kleinkinder grundsätzlich aus. Bis zu einem Alter von vier bis fünf Jahren übernehmen sie automatisch die Verantwortung. Mit zunehmender Reife lernen Kinder dann aber, dass es nicht immer an ihnen liegt, wenn etwas schiefgeht oder auch nur eine Veränderung eintritt. Das Erstgeborene ist jedoch häufig am Boden zerstört, wenn das neue Baby da ist und es die Eltern nicht mehr für sich allein hat – auch wenn wir uns später meist nicht mehr an diese Phase erinnern können. Ein sehr kleines Kind kann noch nicht begreifen, was vor sich geht. Wenn die Eltern ihm nicht immer wieder versichern, dass sie es immer noch lieb haben, folgert es in der Regel, dass die Eltern das neue Baby jetzt vorziehen, weil es selbst inzwischen weniger liebenswert ist. Viele Erstgeborene fühlen sich deshalb ihr Leben lang schuldig und übermäßig verantwortlich, sobald etwas schiefgeht.

So stark hätte das Erstgeborene auf die Ankunft eines neuen Geschwisterkinds nicht reagiert, wenn es zu diesem Zeitpunkt bereits fünf Jahre alt gewesen wäre. In diesem Alter ist ein Kind geistig zu der Erkenntnis fähig, dass das neue Baby nicht zwangsläufig bedeutet, dass das erste Kind den Eltern plötzlich nicht mehr ausreicht oder es etwas falsch gemacht hätte. Doch sofern die Eltern nicht unglaublich sensibel sind und Mittel und Wege finden, wie sich das größere Kind als hilfreich und genauso wichtig empfinden kann, bewahrt diese Einsicht nicht vor eifersüchtigen Gefühlen oder dem Eindruck des Ausgeschlossenseins.

Ein weiterer Aspekt der Neigung von Erstgeborenen zu Ängstlichkeit und übermäßigem Verantwortungsgefühl ist, dass sie nur ungern delegieren – nicht einmal dann, wenn sie unter den ihnen übertragenen Aufgaben fast zusammenbrechen und erschöpft und gestresst sind. Noch unter den widrigsten Bedingungen behalten sie das Ruder lieber in der Hand, weil sie Angst haben, dass etwas schiefgehen könnte, sobald sie die Kontrolle abgeben. Wenn dann wirklich Fehler passieren, können sie natürlich nur sich selbst die Schuld geben.

Diese Neigung zur Selbstüberforderung lässt sich allerdings ändern. Auch Erstgeborene können lernen,

Aufgaben abzugeben und anderen Menschen zuzutrauen, dass diese ihren Teil gut machen. Da die Überverantwortung jedoch ein dermaßen eingeschliffener Teil ihres Wesens ist, könnte vielleicht ein Coaching oder eine Therapie hilfreich sein, um das Loslassen zu lernen und endlich zu verstehen, dass nicht alles auseinanderbricht, nur weil sie nicht jeden einzelnen Schritt überwachen.

Erstgeborene sind schneller gestresst als andere Menschen und bitten eher um psychologische Hilfe

Erstgeborene leiden vermehrt unter Ängsten und Gefühlen von Unsicherheit und Eifersucht. Inzwischen dürfte klar sein, woran das liegt: am Verlust der exklusiven elterlichen Zuwendung in der frühen Kindheit.

Gefühle von Entwurzelung und Eifersucht hinterlassen tiefe Spuren, besonders wenn sie erstmals in der frühen Kindheit aufkommen, wenn das jüngere Baby nur schwer zu beruhigen ist oder wenn ein Elternteil (oder beide) bereits aus anderen Gründen stark belastet oder erschöpft ist und deshalb eine Zeitlang distanziert oder weniger fürsorglich erscheint.

Das bedeutet selbstverständlich nicht, dass alle Erstgeborenen automatisch ängstlich, unsicher und eifersüchtig sind! Es heißt nur, dass sie aufgrund der

Verhältnisse, in die sie hineingeboren wurden, eher dazu neigen als ihre Geschwister. Wie stark und anhaltend diese Tendenz ist, hängt vom individuellen Charakter ab, aber auch davon, wie die Eltern sich nach der Geburt des jüngeren Babys verhalten haben. Auf diese Faktoren, insbesondere auf den Einfluss der Eltern, gehe ich im zweiten Teil des Buches näher ein (siehe Kapitel 5).

Ein anderer Grund, warum Erstgeborene vermehrt Psychologen aufsuchen, ist, dass Autoritäten bei ihnen normalerweise automatisch einen hohen Stellenwert genießen. In schwierigen Zeiten (die unabhängig von der Geburtenfolge praktisch jeder Mensch irgendwann einmal durchmacht) gehen Erstgeborene eher davon aus, dass eine anerkannte Kapazität (in diesem Fall ein Arzt, ein Psychiater, ein Berater oder ein Psychologe) wohl Rat wissen wird.

Partnerwahl für Erstgeborene

Bei der Überlegung, was eine glückliche Partnerschaft ausmacht, ist die Familienposition natürlich nur einer von diversen Faktoren. Wenn zwei Menschen sich lieben, einander respektieren und fest entschlossen sind, eine Beziehung aufzubauen, wird dies auch unabhängig von der jeweiligen Ausgangsposition gelingen. Dennoch hilft das Wissen um die Position des anderen in der Familienhierarchie bei der Einschätzung, wie leicht oder schwer man miteinander auskommen wird.

Bei der Frage nach der besten Grundlage aus Sicht der familiären Ordnung leistet die Regel »Gegensätze ziehen sich an« gute Dienste. In diesem Sinne können Erst- und Letztgeborene einander oft ergänzen: Die gut organisierten, fürsorglichen Erstgeborenen möchten jemanden, den sie lenken und versorgen können, was die erlebnishungrigen, aber eher weniger organisationsfreudigen und abhängigeren Jüngsten als durchaus angenehm empfinden.

Sandwichkinder sind ebenfalls gute Partner für Erstgeborene, weil die Mittleren in der Familie es bereits gewohnt sind, einem anderem das Kommando zu überlassen. Wenn ein Erstgeborener allerdings ausgesprochen machtbewusst ist, fühlt sich der Partner aus der Sandwichposition möglicherweise dominiert und hat das Gefühl, er könnte sich nicht entfalten (auch wenn er oder sie aufgrund der speziellen Eigenschaften als Sandwichkind – siehe Kapitel 2 – diese Unzufriedenheit vielleicht nicht äußert). Wenn ein Ältester oder eine Älteste der Familie sich daher als eher dominant erlebt und andere gern dirigiert, sollte er oder sie als Partner eines Mittleren von Zeit zu Zeit bewusst einen Schritt zurücktreten und den anderen aktiv um seine Meinung bitten oder ihn ermuntern, eventuelle Bedenken zu äußern.

Besonders schwierig gestalten sich häufig Partnerschaften zwischen zwei Ältesten oder zwischen einem Ältesten und einem Einzelkind. Wenn beide das Kommando übernehmen wollen und zudem womöglich beide sehr konkurrenzbetont sind, ist der Konflikt vorprogrammiert. Solche Beziehungen *können* funktionieren – aber nur, wenn beide Partner die Qualitäten des anderen ehrlich anerkennen und mindestens einer von beiden seinen Führungsanspruch *außerhalb* der Beziehung auslebt. Falls dies auf Sie zutrifft, sollten Sie sich darum bemühen, Ihre Führungsqualitäten in unabhängigen Interessenbereichen einzusetzen. Das nimmt einigen Druck aus der Beziehung.

Der richtige Beruf für Erstgeborene

Inzwischen dürfte auf der Hand liegen, dass Erstgeborene am besten einen Beruf ergreifen, in dem sie genau so viel Verantwortung übernehmen dürfen, wie sie bewältigen können. Auch wenn sie selbst vielleicht anderer Ansicht sind, laufen sie häufig zu Hochform auf und sind am glücklichsten, wenn es jemanden gibt, der ihre Neigung, sich zu viel aufzubürden, alles *zu* perfekt zu erledigen und sich gnadenlos weiter anzutreiben, in Schacht hält. Ansonsten droht ein Burn-out. Das Versagensgefühl, das mit einer solchen

Erkrankung einhergeht, trifft wiederum gerade die Ältesten einer Familie ausnehmend hart.

Besonders zufrieden sind Erstgeborene, wenn sie am Arbeitsplatz Gelegenheit bekommen, andere zu unterrichten, auszubilden oder sich in anderer Weise um sie zu kümmern. Außerdem fühlen sie sich zu erprobten, konventionellen Arbeitsweisen hingezogen, insbesondere zu Berufen im Gesundheits- und Bildungswesen.

Erstgeborene übernehmen überproportional häufig Führungspositionen in Politik und Wirtschaft. Wer sich eher aus Machtbewusstsein und weniger aus Interesse an den tatsächlichen Aufgaben für einen solchen Weg entschieden hat, findet im Beruf häufig weniger Erfüllung oder Zufriedenheit. Deshalb ist es wichtiger, sich gründlich mit den Inhalten der künftigen Tätigkeit auseinanderzusetzen, als einen Job nach der Machtfülle auszuwählen, die mit ihm einhergeht.

Berühmte Erstgeborene

Helmut Schmidt
J. K. Rowling
Benito Mussolini
Oprah Winfrey

Fallstudie: Simon

Simon war 37, als er mich wegen seines »chronischen Burn-outs« aufsuchte, wie er es bezeichnete. Seit seinem Berufseinstieg mit 21 Jahren war er nie arbeitslos gewesen, hatte es aber auch auf keiner Stelle länger als drei Jahre ausgehalten. »Entweder der Job enttäuscht mich, oder ich merke, dass ich die anderen bei der Arbeit hängen lasse«, meinte er zu mir.

Er hatte zwei Ehen und eine Scheidung hinter sich und lebte zu diesem Zeitpunkt allein. Seine beiden Exfrauen beschrieb er als »ziemlich ähnlich – vielleicht zu ähnlich. Vielleicht hatte ich meine Lektion beim ersten Mal noch nicht begriffen.« Beide waren hochintelligent und ehrgeizig. Seine erste Frau, Jane, war Anwältin gewesen, die zweite, Amanda, Leiterin einer Personalabteilung. Amanda hatte ihn kürzlich nach sechs Jahren verlassen, angeblich weil sie Kinder wollte und er nicht. »Eigentlich will ich ja Kinder haben«, meinte Simon dazu, »aber irgendwie ist nie der richtige Zeitpunkt.« Beide Frauen hatten sich beklagt, dass Simon immer alles im Griff haben wollte. Jane hatte ihm sogar vorgeworfen, er würde sie in Watte packen. Als ich Simon fragte, ob da seiner Meinung nach etwas Wahres dran sein könnte, räumte er ein, dass er vielleicht wirklich zu sehr den Macher heraushängen lassen würde. »Aber ich dachte immer, Frauen wollen, dass man sich um sie kümmert«, fügte er zu seiner Verteidigung hinzu.

Simon war der älteste von drei Brüdern. Seine Mutter beschrieb er als »zaghaft und schüchtern. Ich wusste nie, was sie wirklich empfand – auch wenn ich heute glaube, dass sie wohl ziemlich unglücklich war.« Die ausgebildete Grundschullehrerin hatte ihren Beruf nach Simons Geburt nicht mehr ausgeübt. Den Vater beschrieb Simon als »echten Tyrann. Sobald er etwas sagte, sind wir alle gesprungen, auch meine Mutter.« Der Vater führte eine eigene Firma, mit der er äußerst wohlhabend geworden war. Alle drei Söhne hatten Privatschulen besucht und waren anschließend zur Universität gegangen.

Ich bat Simon, mir mehr von seinen Brüdern zu erzählen. »Nun, da wäre zunächst einmal mein jüngerer Bruder Will«, sagte er. »Den würde ich als echten Glückspilz bezeichnen. Er ist immer zufrieden, und alles scheint sich nach seinen Wünschen zu entwickeln. Wenn ich ihn nicht so gern hätte, könnte ich glatt eifersüchtig auf ihn sein.« Will war mit seiner Frau nach Australien gezogen, so dass Simon ihn nur selten sah. Bei der Frage nach dem anderen Bruder verdüsterte sich Simons Gesicht. »Tom kann ich nicht ausstehen. Er ist so … also, so *perfekt.*«

Tom war nur 15 Monate jünger als Simon. »Tom ist Vaters Liebling – schon immer. Und das hat mein Vater uns auch deutlich gezeigt.« Tom hatte Volkswirtschaft studiert, war aber auf Wunsch seines Vaters in ihre Heimatstadt zurückgekehrt, um die Firma zu übernehmen.

Er war verheiratet, hatte zwei Kinder und war offenkundig sehr glücklich.

Simon hatte einen guten Schulabschluss und auch die Universität mit Auszeichnung absolviert. Er war ein aktiver Sportler, gehörte verschiedenen Verbänden an und wurde von früheren Lehrern und seinen Freunden gleichermaßen als »geborener Anführer« bezeichnet.

Als ich ihn nach seiner beruflichen Laufbahn fragte, lachte er. »Ich war ziemlich idealistisch, aber zugleich nicht besonders zielstrebig. Ich wollte etwas verändern – das war mein Hauptantrieb –, aber ich hatte nie darüber nachgedacht, wie ich das anstellen sollte. Außerdem wollte ich möglichst viel Geld verdienen, jedenfalls dachte ich das.« Er bewarb sich um verschiedene Stellen und bekam für alle eine Zusage. »Ich habe einfach das bestbezahlte Angebot gewählt – nicht gerade brillant, was?«, äußerte er betreten. An der Universität hatte er Jane kennen gelernt. Nach dem Diplom heirateten die beiden und zogen nach London.

Schon nach sechs Monaten bemerkte Simon, wie rastlos und unzufrieden er mit seiner Arbeit als Börsenhändler war. »Wie soll man das viele Geld genüsslich ausgeben, wenn man jeden Abend völlig ausgelaugt nach Hause kommt?« Aus einem Impuls heraus nahm er zu einer der anderen Firmen Kontakt auf, die ihm nach dem Studium ein Angebot gemacht hatten. Zu seinem Glück wollte man ihn immer noch, woraufhin er hoffnungsfroh zu einem großen Bauunternehmen wechselte. Dort sollte er mit Hilfsorganisationen zusammenarbeiten, die in verarmten Gebieten Schulen bauten.

Diese Tätigkeit schilderte Simon als die beste, die er in den vergangenen 16 Jahren ausgeübt hätte. Nach zweieinhalb Jahren jedoch kündigte er, weil er angeblich »nicht wirklich wusste, was ich da tat. Sie hatten etwas Besseres verdient.« Er verließ das Unternehmen, obwohl man ihn mit einer beträchtlichen Gehaltserhöhung zum Bleiben überreden wollte. Im Nachhinein wünschte er heute, er wäre geblieben, wie er mir gegenüber bekannte. Seiner Ansicht nach litt er damals möglicherweise unter Depressionen – er hatte gerade erfahren, dass seine Frau eine Affäre hatte, und konsumierte viel Alkohol.

Anschließend folgten verschiedene zeitlich begrenzte Anstellungen, die ihn nie wirklich zufrieden stellten. Sechs Jahre später trat er einen neuen Job in einem anderen Bauunternehmen an, wo er Amanda begegnete. Schon nach 18 Monaten heirateten die beiden, obwohl ihn seine Arbeit zu diesem Zeitpunkt schon wieder langweilte und er sich nach etwas Neuem umsah. Als er mich aufsuchte, hatte er weitere drei Stellen hinter sich, und die Trennung von Amanda war ein halbes Jahr her.

Nachdem ich mir Simons Geschichte angehört hatte, bat ich ihn, die Augen zu schließen und sich vorzustellen, er würde in Rente gehen und müsste auf seiner Verabschiedung eine Rede halten. Ich forderte ihn auf, nicht lange nachzudenken, sondern einfach das zu schildern,

was ihm spontan in den Sinn käme. Zu seiner Überraschung erklärte er, er hätte sich in einer Schule gesehen:
»Ich bin ein Lehrer. Einfach ein Lehrer, nicht der Rektor,
nicht einmal Fachschaftsleiter. Einfach ein Lehrer.« Bei
dieser Feststellung wirkte er peinlich berührt und verwirrt. »Worauf soll man da stolz sein? Wahrscheinlich
habe ich schlecht verdient, und in so einem frauendo-
minierten Bereich sollte ich sowieso nicht meine Zeit
vergeuden.«

Ich fragte Simon, wer ihm gesagt hätte, dass Unterrichten Zeitverschwendung sei. »Alle Berufe, in denen
hauptsächlich Frauen arbeiten, sollten nicht als echte
Berufe betrachtet werden«, bekräftigte er. Ich wies ihn
auf seinen Gebrauch des Wörtchens »sollten« hin und
erklärte, dass jemand, der von sich sagt, er »sollte« etwas tun oder denken, sich normalerweise dazu verpflichtet fühlt, weil er einem anderen gefallen möchte,
aber selbst nicht wirklich daran glaubt. Damit schien ich
richtig zu liegen, denn an diesem Punkt wurde ich von
Simon unterbrochen: »Kein Wunder, dass meine Mutter so unglücklich war! Mein Vater hat ihre Ausbildung
immer schlecht gemacht!« Wagte Simon also nicht,
Lehrer zu werden, weil er seinen Vater zufrieden stellen und nicht von ihm kritisiert werden wollte? War womöglich das Unterrichten etwas, das ihm wirklich Spaß
machen könnte? War seine Liebe zur Bildung vielleicht
der Grund, warum er so gern am Bau von Schulen mit-
gewirkt hatte?

Das war für Simon der entscheidende Anstoß. Im Laufe der nächsten Sitzungen wurde ihm bewusst, dass seine Maßstäbe, den Wert eines Jobs zu beurteilen – also, wie viel Geld damit zu verdienen war –, nur dazu dienten, seinen Vater zufrieden zu stellen. In Wahrheit wollte Simon andere zum Lernen verlocken, weil er selbst mit großer Begeisterung gelernt und studiert hatte. Ihm war jedoch klar, dass sein Vater die Nase rümpfen würde, wenn er einen »Frauenberuf« wählte.

Es dauerte noch drei Monate, bis Simon den Mut aufbrachte, sich für ein Lehramtsstudium einzuschreiben. Er erhielt sofort eine Zusage, doch das Studium würde erst in zehn Monaten beginnen. Dieser Zeitraum sollte seiner Einschätzung nach reichen, um ausreichend Geld für die berufliche Neuausrichtung zur Seite zu legen.

Außerdem redete er wieder mehr mit Amanda, und sie erwogen vorsichtig die Möglichkeit, es noch einmal miteinander zu versuchen. Simon erzählte, sie hätte wieder davon gesprochen, eine Familie zu gründen. In vielerlei Hinsicht hatte er immer noch das Gefühl, es wäre der falsche Zeitpunkt. »Andererseits«, fuhr er fort, »wird mir allmählich klar, dass der richtige Zeitpunkt vielleicht ewig auf sich warten lässt.«

Inzwischen war Simon seiner eigenen Einschätzung nach »glücklicher denn je«. Wie vermutet hatte sein Vater seine Pläne als »Zeichen einer Depression« abgetan. Seine Mutter hingegen war so begeistert, dass sie Simon angesichts der Missbilligung ihres Mannes sogar offen gelobt hatte. Sowohl Will als auch – überraschenderweise – Tom unterstützten seine Entscheidung. Tom verriet Simon sogar, dass er sich immer gefragt hatte, warum dieser nicht Lehrer geworden war, wo ihm dieser Beruf doch geradezu in die Wiege gelegt zu sein schien.

Was wir aus Simons Erfahrungen lernen können

Simons langes Ringen ist ein gutes Beispiel für die Problematik, mit der Erstgeborene mitunter zu kämpfen haben. Als Kind hat er zweifellos seiner Mutter geholfen, auf die zwei jüngeren Brüder aufzupassen, zumal die Mutter unter Depressionen litt. Diese Rolle hatte ihn sehr zufrieden gestellt, und er hatte sicher auch die Bestätigung durch seine Mutter genossen. Allerdings wollte er auch seinem Vater gefallen – einem Mann, für den Berufe im Erziehungs- und Bildungswesen reine Frauensache waren. In dem verwirrten Versuch, alles richtig zu machen, hatte Simon daher das Wertesystem seines Vaters übernommen und Stellen angetreten, in denen er viel Geld verdienen konnte. Nachdem diese Tätigkeiten ihn jedoch nie zufrieden stellen konnten, begann eine rastlose Suche nach dem Platz, an den er gehörte – wobei Simon leider weiterhin nur nach dem angebotenen Gehalt entschied.

Parallel dazu übertrug er sein (ungestilltes) Bestreben, für andere zu sorgen, auf sein Privatleben, bis die beiden Frauen, die er geheiratet hatte, sich übermäßig beschützt und kontrolliert fühlten. Durch unerreichbar hohe Maßstäbe an den »richtigen« Zeitpunkt für die Familiengründung hatte er Amanda das Gefühl vermittelt, dass der »richtige« Zeitpunkt für ihn nie kommen würde.

Im Verlauf der Therapie erkannte Simon, dass er nie Erfüllung finden würde, wenn er weiterhin danach strebte, seinem Vater zu gefallen; aber auch, dass er es nie beiden Eltern gleichzeitig recht machen konnte. Ihm wurde zudem klar, wie sinnlos es war, auf den optimalen Zeitpunkt für die Familiengründung – oder andere wichtige Veränderungen im Leben – zu warten. So konnte er Amandas Standpunkt besser verstehen und wieder Kontakt zu ihr aufnehmen, um sich darauf einzulassen, die Unstimmigkeiten zwischen ihnen zu lösen.

Fallstudie: Laura

Nachdem Lauras Hausarzt ihr eine Kurzzeittherapie angeraten hatte, brauchte sie drei Wochen, um tatsächlich einen Termin zu vereinbaren. Zu diesem Zeitpunkt war sie 67 Jahre alt und seit etwas mehr als einem Jahr im Ruhestand. Zuvor hatte sie über 42 Jahre lang in einer kleinen, aber florierenden Firma als Chefsekretärin gearbeitet.

Laura war nur ungern in Rente gegangen, wollte sich aber andererseits auch nicht mehr mit der neuen Computertechnik auseinandersetzen, die in der Firma eingeführt worden war. Zudem hatte sie unter chronischen Schmerzen gelitten, die längeres Sitzen unmöglich machten. Unmittelbar nach ihrem Eintritt in den Ruhestand hatte sie sich einer Hüftoperation unterzogen und war nun praktisch schmerzfrei. Ihre vom Hausarzt diagnostizierten Depressionen waren jedoch zu ihrer Überraschung noch stärker geworden. Einen Behandlungsversuch mit Antidepressiva hatte sie aufgrund der unangenehmen Nebenwirkungen bald aufgegeben. Deshalb wollte sie es nun mit einer Therapie versuchen.

Laura war die ältere von zwei Schwestern. Ihre jüngere Schwester Janet hatte sofort nach der Schule geheiratet und vier Söhne großgezogen. Janet hatte sich nie um bezahlte Arbeit bemüht und in Lauras Augen stets ein ziemlich sorgenfreies, unkompliziertes Leben geführt. Sie hatten ein gutes Verhältnis zueinander und hielten die Verbindung, sahen sich aber nur zu besonderen Anlässen, weil Janet nach der Heirat nach Schottland gezogen war.

Laura war ein fleißiges, ernsthaftes Mädchen gewesen. In der Schule hatte sie sich sehr angestrengt und anschließend eine Sekretärinnenausbildung in London absolviert. Trotz ihres guten Abschlusses und etlicher Angebote in London war sie anschließend freiwillig in

ihre Heimatstadt zurückgekehrt – sie fand, das Groß-
stadtleben passe nicht zu ihr.

Laura war mit verschiedenen Männern ausgegangen,
bis sie in der Firma Tom kennen lernte. Zwei Jahre später verlobten sie sich und hatten bereits den Hochzeits-
termin festgelegt, als Tom bei einem Autounfall ums
Leben kam. Nach diesem Verlust machte Laura keinen
zweiten Anlauf zu heiraten. Tom war ihre große Liebe
gewesen, wie sie sagte, und niemand würde ihn je ersetzen können. Dennoch war sie ein geselliger Mensch.
Sie ging häufig mit Freunden aus, sang im Chor, war ak-
tives Gemeindemitglied in der Kirche und engagierte
sich für verschiedene wohltätige Zwecke.

Als Lauras Eltern zunehmend gebrechlich wurden,
musste sie sich um sie kümmern. Ihr Vater war vor sechs,
ihre Mutter vor vier Jahren gestorben. Laura hatte ihre
pflegebedürftige Mutter in deren letzten Lebensjahr
zu sich genommen. Laura meinte, sie hätte diese beiden Todesfälle sicher ausreichend betrauert. Allerdings
gestand sie mir, dass der Tod ihrer Mutter ein »Loch«
in ihrem Leben hinterlassen hätte, von dem sie nicht
wüsste, wie sie es füllen sollte.

Gleich bei unserer ersten Sitzung verfiel Laura in end-
lose Entschuldigungen: Sie wolle mich gewiss nicht
belästigen, und es täte ihr leid, dass sie mir zur Last fallen
würde. Ich fragte sie nach ihrem Selbstbild – ob sie oft das
Gefühl hätte, anderen zur Last zu fallen? Da berichtete sie
mir, dass sie bis zu ihrem Ruhestand ein erfülltes, glückli-

ches Leben geführt hätte. Sie wusste, dass sie ihre Arbeit gut machte und in der Firma geschätzt wurde. Jetzt aber, nachdem sie sich um nichts und niemanden mehr kümmern musste, käme sie sich völlig überflüssig vor.

In den nächsten paar Stunden rückte Laura allmählich damit heraus, dass sie sich immer mit Janet verglichen hatte: Sie wäre gern so unkompliziert wie ihre Schwester gewesen, ohne das Gefühl zu haben, sich unablässig um die Anerkennung anderer Menschen, besonders der Kollegen, bemühen zu müssen. Als wir darüber sprachen, wie sie sich aufgrund der räumlichen Nähe um ihre Eltern gekümmert hatte, meinte sie, dass es ihr mit dieser Verantwortung eigentlich gut gegangen sei. In ihren Augen war Janet für die Eltern immer die einfachere Tochter gewesen, und nun war Laura froh, etwas tun zu dürfen, was die Eltern wirklich zu schätzen wussten.

Erst ganz allmählich begann Laura zu begreifen, dass es durchaus akzeptabel war, wenn sie einen Teil ihrer Energie und ihres Verantwortungsgefühls nicht auf andere, sondern auf sich selbst konzentrierte. Ihr wurde auch klar, dass sie nicht »nutzlos« war, wenn sie sich nicht um andere kümmerte oder die Arbeit verrichtete, die man ihr übertragen hatte. Darüber hinaus lernte Laura, sich selbst Bestätigung zukommen zu lassen, anstatt sich in dieser Hinsicht ganz auf andere zu verlassen. Mit der Zeit wich das Gefühl der »Nutzlosigkeit«, das Lauras Depression gekennzeichnet hatte, zunehmend der Selbstakzeptanz.

Was wir aus Lauras Erfahrungen lernen können

Als Laura mich aufsuchte, wies sie alle typischen Eigenschaften einer großen Schwester auf: Sie hatte sich ihr Leben lang verantwortungsbewusst verhalten und alles getan, was von ihr erwartet wurde. Sie hatte eine ausgezeichnete Ausbildung, war pflichtbewusst und kümmerte sich um andere Menschen. Allerdings achtete sie nicht ausreichend auf sich selbst. Sie dachte nie darüber nach, ob das, was sie tat, sie wirklich glücklich machte, sondern verließ sich viel zu lange darauf, Lob und Anerkennung von außen zu erhalten. Als sie lernte, sich selbst dieselbe Aufmerksamkeit zukommen zu lassen, die sie immer auf andere Menschen gerichtet hatte, ging es ihr besser.

Erstgeborene – kurz und knapp

Die wichtigsten Eigenschaften von Erstgeborenen auf die Schnelle:

- Erstgeborene möchten anderen Menschen, besonders Autoritätspersonen, gefallen.
- Sie halten sich meist an die Regeln und sind eher bereit, von anderen Menschen zu lernen, als radikale Ideen und Theorien zu verfolgen.

- Sie tragen gern Verantwortung und übernehmen überdurchschnittlich häufig Führungspositionen.
- Sie zeigen oft gute schulische Leistungen.
- Sie sind fast immer pflichtbewusst, gut organisiert und verantwortungsbewusst.
- Sie sind fürsorglich und liebevoll und kümmern sich bereitwillig um andere Menschen.
- Sie stellen hohe Erwartungen an sich und andere und sind äußerst selbstkritisch.
- Sie machen sich häufig Sorgen und neigen zu Eifersucht und Schuldgefühlen, suchen bei Problemen aber auch professionelle Hilfe.

Werfen wir nun einen Blick auf die jüngeren Geschwister in der Familie.

2. Sandwichkinder

Um die mittleren Kinder der Familie scheinen sich mehr Mythen zu ranken als um jede andere Position in der Geburtenfolge. Sandwichkinder gelten oft als »schwierig«, »das schwarze Schaf der Familie« oder insgesamt als unausgeglichen, rebellisch und zurückgezogen – das fünfte Rad am Wagen. Wenn man jedoch die Statistiken betrachtet und sich mit Mittelkindern unterhält, ergibt sich ein ganz anderes Bild. Selbst wenn die oben genannten Stereotypen mitunter zutreffen mögen, werden sie den meisten mittleren Kindern einer Familie kaum gerecht.

Um ein genaueres Bild zu zeichnen und die Eigenschaften herauszufiltern, die Menschen aus der Sandwichposition prägen, müssen wir zunächst überlegen, unter welchen Umständen sie aufwachsen.

Das familiäre Umfeld

Ehe wir das familiäre Umfeld näher beleuchten, um mehr über das Typische an den mittleren Kindern herauszufinden, ist eine Anmerkung angebracht. Sandwichkinder, die in einer Familie mit drei Kindern aufwachsen, sind selbstverständlich nicht immer und ausschließlich ein mittleres Kind. Bis zur Geburt des dritten Kindes sind sie auch das jüngste. Wenn das dritte Kind in relativ kurzem Abstand folgt – also etwa innerhalb von drei Jahren –, haben sie kaum Gelegenheit, sich an ihre Nesthäkchenposition zu gewöhnen. Bei einem großen Altersabstand hingegen weist das zweite Kind wahrscheinlich sowohl Eigenschaften eines Mittleren als auch die eines Jüngsten auf. Wenn Sie eine mittlere Position innehatten, das nachfolgende Kind aber über drei Jahre jünger ist als Sie, sollten Sie sowohl dieses Kapitel lesen als auch das über die Jüngsten (siehe Kapitel 3).

Diejenigen, die in der Mitte geboren werden, haben Erstgeborenen gegenüber einen großen Vorteil: Die Eltern haben schon mehr Erfahrung. Die erste Geburt ist aufregender als alle nachfolgenden, so dass um das zweite Kind weniger Aufhebens gemacht wird als um das älteste. Die Eltern sind dann zugleich entspannter und sicherer als beim ersten Kind, so dass die Nachgeborenen ruhiger und selbstverständlicher behandelt werden. Meist sind sie auch selbst unbekümmerter als der große Bruder oder die große Schwester.

Oftmals sind sie auch in sozialer Hinsicht geschickter als der oder die Älteste. Das liegt daran, dass sie sich mehr anstrengen müssen, damit die Eltern von ihnen Notiz nehmen, und für Kinder ist die elterliche Aufmerksamkeit nun einmal überlebenswichtig – nur sie garantiert, dass die Grundbedürfnisse erfüllt werden. Ab dem Augenblick der Geburt muss man die Eltern mit einem älteren Geschwisterkind und bald auch mit dem nachfolgenden Kind teilen. Damit fehlt sowohl der Vorteil der größeren Reife – das große Kind konnte das meiste besser als das zweite – als auch (auf die Dauer) der Bonus, das niedliche, zuwendungsbedürftige Baby zu sein. Sandwichkinder müssen also womöglich dauerhaft erfinderisch vorgehen, um die Aufmerksamkeit der Eltern auf sich zu lenken.

Noch schwieriger ist diese Situation, wenn alle Geschwister dasselbe Geschlecht haben, denn dann kann man sich nicht einmal hierdurch unterscheiden. Zudem sollte das Buhlen um die Aufmerksamkeit der Eltern möglichst nicht die Eifersucht des älteren Geschwisterkinds erregen. Deshalb entwickeln gerade mittlere Kinder oft gute soziale Fähigkeiten – sie wissen, wie sie die nötige Aufmerksamkeit auf sich lenken, um das zu bekommen, was sie brauchen, jedoch ohne die anderen zu ärgern, indem sie ihnen die Show stehlen.

Typische Eigenschaften von Sandwichkindern

Die Mittleren kommen mit den meisten Menschen gut zurecht und sorgen im Konfliktfall für mehr Harmonie

Mittlere Kinder sind kooperativ. Als geborene Diplomaten schlagen sie gern Kompromisse vor und glätten die Wogen, wenn sich alle anderen bekriegen. Sie kommen mit den meisten Menschen gut aus und fügen sich in jede Gruppe ein – ob in der Schule oder im Beruf. Insbesondere gleichaltrige Spielkameraden sind ihnen sehr wichtig – sie nehmen die Bedürfnisse und Gefühle der Menschen in ihrer Umgebung sehr genau wahr.

Wenn bei einem Streit jeder stur auf seiner Position beharrt und keiner den ersten Schritt machen will, sind es oft die Sandwichkinder, die nach einer gangbaren Lösung suchen. Schließlich ist das eine Rolle, in die sie von klein auf hineingewachsen sind. Da sie zwischen zwei Geschwistern »feststeckten«, die beide aus ganz unterschiedlichen Gründen auf den eigenen Vorstellungen beharrten, waren häufig sie diejenigen, die einen vernünftigen Kompromiss entwickelten. Allerdings gingen solche Kompromisse oft auf ihre Kosten, denn wenn jemand etwas mehr einlenken musste, waren das meistens wiederum die Mittleren.

Diese Kompromissbereitschaft unterscheidet sich von dem Versuch der Ältesten, »alles zu klären«. Wenn es in der Gruppe hakt, versuchen sowohl die Ältesten als auch die Mittleren gern, die Probleme zu lösen. Erstgeborene tun dies jedoch, indem sie die Führung übernehmen: Sie fühlen sich verantwortlich und bieten Lösungen an. Wer als mittleres Kind aufgewachsen ist, schlägt eher Kompromisse vor und gibt schließlich am meisten nach, damit eine Übereinkunft erzielt werden kann.

Mittlere lassen sich leicht überzeugen und erliegen am schnellsten dem Gruppendruck

Ein anderer, weniger subtiler Unterschied zwischen Erstgeborenen und Menschen aus der mittleren Position ist die Gruppe, mit der man sich identifiziert. Sandwichkinder orientieren sich am stärksten an ihren Mitmenschen. Da sie immer von anderen Kindern umgeben waren, achten sie am meisten auf die, die in etwa ihrer Altersgruppe entsprechen.

Dieser besondere Charakterzug hat Vor- und Nachteile. Einerseits kommen solche Menschen in den meisten Situationen und mit den meisten Mitmenschen gut zurecht. Wenn die Leute, mit denen sie zusammen sind, jedoch Autoritäten in Frage stellen oder Unfug anstellen, geraten gerade Sandwichkinder leicht in Schwierigkeiten. Vor allem bei einem impulsiven

Naturell besteht die Gefahr, zum Mitläufer zu werden, anstatt erst einmal innezuhalten und nachzudenken, ob das Verhalten der Gruppe wirklich klug ist.

Mittlere haben eine klarere Vorstellung davon, was sie erreichen können, und setzen sich realistische Ziele

Weil Sandwichkinder immer von anderen Kindern umgeben waren, manche älter und reifer, andere jünger und weniger geschickt, orientieren sie sich gleichermaßen an Gleichaltrigen wie an Erwachsenen. Die Erwartungen, die sie an sich selbst stellen, entsprechen in etwa ihrem jeweiligen Alter und Entwicklungsstand. Weil auch andere Kinder als Maßstab dienen, sind die persönlichen Standards daher eher realistisch.

Ihre Vergleiche der persönlichen Stärken und Schwächen basieren auf einer ganz anderen Grundlage als bei Erstgeborenen, die ihr Selbstbild vornehmlich am Verhalten und den Erwartungen von Erwachsenen ausrichten. Sandwichkinder unterscheiden sich aber auch von der Sichtweise der Jüngsten. Diejenigen, die zuletzt geboren wurden, vergleichen sich praktisch ausschließlich mit Menschen, die immer schon mehr konnten als sie selbst, weil natürlich von Anfang an jeder in der Familie älter und kompetenter als sie war.

Mittlere suchen vermehrt kreative Ausdrucks-
formen und brillieren gern als Sportler, Künstler
oder Musiker

Wer in der Sandwichposition aufwächst, konzentrierte sich in der Regel auf Bereiche, in denen nicht
schon der ältere Bruder oder die ältere Schwester erfolgreich war. Wenn man die Familie aus der Sicht
von Charles Darwin betrachtet, ist das verständlich.
Darwin erklärte die Unterschiede zwischen Geschwistern mit dem von ihm entwickelten Divergenzprinzip.
Auf dieses Prinzip werden wir uns in diesem Buch
wiederholt berufen, besonders in Bezug auf die Unterschiede zwischen den mittleren Kindern und den
jüngsten Mitgliedern der Familie.

Darwin widmete sich besonders der Frage, welche
Eigenschaften bestimmte Lebewesen prächtig gedei-
hen lassen, während andere so gerade eben überleben
oder gar aussterben. Er überlegte, dass jegliche Umgebung nur über begrenzte Ressourcen verfügt, was
bis zu einem gewissen Grad jeder in diesem Umfeld
weiß, weshalb er sich einen möglichst großen Anteil
an diesen Ressourcen zu sichern versucht. In der Umgebung der eigenen Familie ist die wertvollste Res-
source – das heißt, diejenige, die ein Kind sicher und
gesund aufwachsen lässt – die elterliche Beachtung
und Zuwendung.

Wie die meisten jungen Säugetiere sind auch Menschenkinder bei ihrer Geburt ausgesprochen hilflos und somit darauf angewiesen, dass ihre Versorger zumindest eine gewisse Zeitlang für sie Futter besorgen und ihnen Obdach und Schutz gewähren, bis sie irgendwann stark und erfahren genug sind, um selbst dafür zu sorgen. Im Vergleich zu anderen Lebewesen ist diese Zeitspanne der Hilfsbedürftigkeit beim Menschen am längsten. Deshalb müssen Babys und Kleinkinder sich bei ihren Eltern »lieb Kind machen« – sie wollen beachtet werden und ganz besonders liebenswert erscheinen. Kinder sind darauf programmiert, ihre Eltern zu ermuntern, sie zu beachten, für sie Opfer zu bringen und auf sie aufzupassen.

Natürlich sind auch die Eltern genetisch darauf ausgerichtet, für ihren Nachwuchs zu sorgen, weil sie auf diesem Weg (über das genetische Material, das sie an ihre Kinder weitergegeben haben) über ihr eigenes Leben hinaus weiterexistieren. Doch obwohl Eltern sich große Mühe geben, für alle ihre Kinder zu sorgen und sie zu beschützen, sind sie keine Übermenschen. Deshalb wird jedes Kind sich nach Kräften bemühen, für die Eltern so wichtig wie möglich zu erscheinen, damit es der Erste ist, an den die Eltern denken, wenn sie entscheiden müssen, wer ihre Hilfe am nötigsten braucht.

Wenn ein mittleres Kind also versucht, sich die elterliche Aufmerksamkeit mit denselben Methoden zu sichern, die beim Ältesten erfolgreich waren – beispielsweise durch gute Schulleistungen oder besondere Schlagfertigkeit –, wird dies vermutlich nicht sonderlich beachtet werden. Schließlich ist das ältere Kind zum selben Zeitpunkt jeweils reifer und weiter und steht darum mehr im Rampenlicht.

Außerdem hat der oder die Erstgeborene ohnehin einen großen Vorsprung in dem Wissen, was den Eltern am besten gefällt. Der üblichste – meist zugleich der konventionellste – Weg, ihnen zu gefallen, steht demnach nicht mehr zur Wahl. In unserer Gesellschaft ziehen gute Schulleistungen meist ein Lob der Eltern nach sich. Diese Nische hat sich aber meist schon das Erstgeborene gesichert, so dass nachfolgende Kinder sich etwas Neues ausdenken müssen, um ebenfalls in den Genuss der elterlichen Zuwendung zu kommen. Die häufigste zweite Wahl, um Eltern zu beeindrucken, sind sportliche Erfolge oder ein künstlerisches Talent.

Das ist übrigens einer der Gründe, warum die Kinder aus großen Familien (mit vier oder mehr Kindern) so überaus unterschiedlich sind. Viele Psychologen sind der Meinung, dass die Unterschiede zwischen den Kindern derselben Familie größer ausfallen, als wenn man Kinder aus verschiedenen Familien miteinander vergleicht. Das klingt zunächst vielleicht überraschend, doch bei gründlicherem Nachdenken leuchtet es doch ein. Schließlich gibt sich jedes Kind die größte Mühe, sich von seinen Geschwistern abzuheben, was gegenüber der Gruppe der Gleichaltrigen nicht erforderlich ist.

Mittlere sind oft die Ersten, die ausziehen, oder bei ihrem Auszug am jüngsten

Warum ausgerechnet die Sandwichkinder so häufig als Erste das gewohnte Nest verlassen, ist unklar. Unter Umständen haben sie es einfach satt, immer nach Kompromissen zu suchen und zugunsten anderer zurückzustehen. Vielleicht hoffen sie auch, außerhalb der Familie bessere Entfaltungsmöglichkeiten zu finden. Möglicherweise trauen sie sich aber auch eher zu, praktisch überall zurechtzukommen, und leben die natürliche Abenteuerlust der Jugend aus. Auf jeden Fall ziehen mittlere Kinder im Vergleich zu ihren Geschwistern oft früher aus.

Mittlere engagieren sich häufiger als andere für eine bestimmte Sache oder brechen eine Lanze für Benachteiligte

Wie wir bereits gesehen haben, geben sich Sandwichkinder große Mühe, das soziale Räderwerk am Laufen zu halten. Das ist fantastisch – *für alle anderen.* Sie selbst jedoch zahlen einen hohen Preis dafür, denn ihre Bemühungen zugunsten der Familie oder Gruppe, in der sie sich bewegen, bedeuten, dass weniger Zeit bleibt, sich um die eigenen Bedürfnisse zu kümmern. Da sie zudem seltener die ungeteilte Aufmerksamkeit ihrer Eltern genießen, weil praktisch immer auch jemand anderes da ist, nehmen sie ihre persönlichen Bedürfnisse und Wünsche unter Umständen gar nicht mehr richtig war. Ein Mittelkind fragt sich dann: »Warum soll ich überhaupt darüber nachdenken, was mir wirklich gefällt, wenn die Chance, dass mein Traum wahr wird, so gering ist?«

Aber selbst wenn sie nicht bewusst über die eigenen Ziele nachdachten, bedeutet dies nicht, dass die Enttäuschung, diese nicht erreicht zu haben, verflogen wäre. Stattdessen blieb oft ein unterdrücktes, dem bewussten Verstand unzugängliches Gefühl der Ungerechtigkeit, das später auf andere Menschen projiziert wird, als wären sie dafür verantwortlich. Bei einer Projektion wird eine bestimmte Person oder Gruppe ausgewählt, von der wir annehmen, dass sie unter denselben Sorgen und Nöten leidet wie wir. Vermutlich engagieren sich deshalb so viele Mittlere für Benachteiligte und helfen den Bedürftigen. Ob es ihnen bewusst ist oder nicht, letztlich heißt das: »Wir haben es alle verdient, dass man uns gleich behandelt. Ich will keinen übersehen, nur weil er seine Bedürfnisse nicht laut herausschreit! Ich werde ihnen helfen – so wie ich mir selbst gewünscht hätte, dass man mich bemerkt und mir geholfen hätte.«

Mittlere sind oft besonders individualistisch veranlagt, vor allem während der Pubertät

Aus der Tendenz heraus, die eigenen Bedürfnisse zugunsten der Harmonie in der Familie zu opfern, entwickelt sich vielfach ein gewisser Trotz. Anstatt sich Rückendeckung zu holen und zu versuchen, die Welt zu verändern, wie es ein Erstgeborener täte, oder die anderen mit Charme und List zum Einlenken zu bewegen, was der üblichen Strategie der Jüngsten entspricht, äußert sich der angestaute Trotz der Sandwichkinder häufig in ihrem Erscheinungsbild. Die mittleren Kinder der Familie wählen am häufigsten einen bizarren Kleidungsstil, eine extreme Frisur oder ungewöhnliches Make-up. Das gilt besonders für die Pubertät, in der alle Kinder um ihre ganz persönliche Identität ringen, und es ist die Methode der Mittleren, zu sagen: »Los, seht mich an! Kommt schon, *nehmt von mir Notiz!*«

Bis hierher ist die Beschreibung der Sandwichkinder weitgehend positiv oder allenfalls neutral ausgefallen. Wir haben einen Menschentyp beschrieben, der sich insgesamt gut anpasst und mit anderen problemlos auskommt, frühzeitig selbstständig ist, die eigenen Fähigkeiten und Talente realistisch sieht und sich aus eigener Kraft eine Nische suchen und seine Individualität ausdrücken kann.

Aber hat diese Geburtsposition auch negative Aspekte? Aus meiner Erfahrung als Psychologin gibt es zumindest einen.

Mittlere haben oft kein rechtes Ziel, weil ihnen nicht ganz klar ist, was sie wirklich wollen

Wenngleich Sandwichkinder statistisch gesehen am seltensten einen Psychologen zu Rate ziehen, konnte ich doch feststellen, dass ihre Klagen anfangs oft relativ unspezifisch sind. Sie werden hauptsächlich wegen depressiver Symptome oder Ängste an den Psychologen überwiesen – sie leiden unter übermäßiger Müdigkeit, Ziellosigkeit, Panikattacken und haben ein insgesamt düsteres Bild von der Zukunft. Gleichzeitig ist ihnen jedoch häufig gar nicht klar, worauf diese unangenehmen Gefühle beruhen. Zudem – und das ist wirklich ein spezielles Merkmal von Sandwichkindern – können sie sich kaum vorstellen, wie ihr Leben aussähe, wenn all die Symptome verschwunden wären.

Das mag daran liegen, dass man sich in der Mittelposition so daran gewöhnt, die eigenen Träume und Wünsche herunterzuspielen, dass man sich ihrer irgendwann gar nicht mehr bewusst ist. Zudem verheimlichen Mittlere ihre Herzenswünsche in der Kindheit insbesondere vor dem Erstgeborenen, weil sie Angst haben, ausgelacht oder übervorteilt zu werden. Wenn Wünsche jedoch immer wieder unterdrückt werden, verschwinden sie aus dem Bewusstsein.

Unabhängig von möglichen Erklärungen: Wenn Patienten mir sagen, dass sie sich schlecht fühlen und orientierungslos sind, gleichzeitig aber keine rechte Vorstellung davon haben, was sie machen würden, wenn sie diese Sorge los wären, handelt es sich sehr wahrscheinlich um mittlere Geschwister. Unsere gemeinsame Arbeit dreht sich dann fast immer darum, ihre ganz persönlichen Vorlieben und Talente zu entdecken und sie zu der Überzeugung zu bringen, dass sie das gleiche Recht haben, ihre Träume und Wünsche auszuleben wie jeder andere Mensch auch.

Partnerwahl für Sandwichkinder

Partner von Sandwichkindern haben Glück! Da die Mittleren so lange Geschwisterkonflikte geschlichtet, verhandelt und Kompromisse zugunsten anderer gefunden haben, empfinden die meisten Menschen sie als angenehme Zeitgenossen. Mit praktisch jedem anderen Partner ist eine harmonische Beziehung möglich.

Mittlere Kinder geben ausgezeichnete Partner für Erstgeborene und Einzelkinder ab, weil sie diesen bereitwillig das Kommando und die Entscheidungsfindung übertragen. Auch mit den Jüngsten kommen sie gut klar, denn sie tolerieren deren Bedürfnis, im Mittelpunkt zu stehen, und haben selten etwas gegen deren Abenteuerlust und unkonventionelle Lebensweisen einzuwenden. Auch mit anderen Sandwichkindern vertragen sie sich gut, wobei der gegenseitige Respekt so hoch sein kann, dass das die Entscheidungsfreude des Paars beeinträchtigt.

Diese Anpassungsbereitschaft kann allerdings auch problematisch sein. Wer *nie* auf seinem Standpunkt beharrt und für seine Rechte eintritt, wird vom Partner vielleicht irgendwann nicht mehr respektiert. Manche Partner beginnen dann, diesen Menschen auszunutzen, bis dieser irgendwann (zu Recht!) das Gefühl hat, seine Bedürfnisse würden völlig ignoriert. Deshalb kommt es darauf an, dass gerade die Mittleren immer wieder in Ruhe überlegen, was ihnen wirklich wichtig ist, und dass sie zumindest im Hinblick auf diese Fragen fest zu dem stehen, was sie für sich brauchen. Sie sollten gut darauf achten, was sie anspricht oder ihr Interesse weckt, und es dem Partner auch direkt mitteilen.

Der richtige Beruf für Sandwichkinder

Mittelkinder arbeiten oft lieber im Team als alleine. Schließlich sind sie in der Gruppe aufgewachsen und kannten von klein auf nur diese Position. Darum kann man sich darauf verlassen, dass sie alles am Laufen halten – solche Menschen sind praktisch in jedem Team willkommen. Mit den meisten anderen Menschen arbeiten sie gut zusammen und sind bereit, ohne lange zu fragen oder zu klagen, die Arbeit zu erledigen, die man von ihnen erwartet.

Genau dieser Charakterzug sorgt allerdings auch für Unzufriedenheit im Job. Weil Menschen aus der Sandwichposition schnell nachgeben und sich anpassen, werden sie gern ausgenutzt. Aus diesem Grund arbeiten sie am Ende oft härter und länger, als sie müssten.

Wer diese Tendenz an sich bemerkt, sollte sich überlegen, für wen er arbeitet. Wählen Sie eine Firma, die gezielt auf die Zufriedenheit ihrer Mitarbeiter achtet und in der Sie einen Ansprechpartner haben, wenn Sie sich übersehen fühlen oder zu viel Arbeit übernehmen.

Natürlich können auch Mittlere erfolgreich allein arbeiten, ob als Freiberufler oder in einer Position, in der sie einen eigenen Aufgabenbereich haben. Das fällt ihnen jedoch nicht so leicht wie einem Einzelkind. Probleme gibt es zum Beispiel bei der Selbstmotivation, wenn niemand Vorschläge macht oder den nötigen Elan mitbringt, die Dinge auch wirklich anzugehen.

Obwohl ein Mittlerer sich praktisch überall einfügen kann, findet er am ehesten Erfüllung, wenn zumindest ein Teil der eigenen Arbeit dazu dient, sich für Menschen einzusetzen, die unterprivilegiert oder anderweitig benachteiligt sind.

Berühmte Sandwichkinder
Tony Blair Bill Gates Stella McCartney Prinzessin Diana

Fallstudie: Diane

Diane wurde an mich überwiesen, weil sie unter Panikattacken am Arbeitsplatz litt. Eine gewisse Grundangst war seit vielen Jahren vorhanden gewesen, doch in den letzten drei Monaten war es zu ausgeprägten Attacken gekommen, die mittlerweile so häufig auftraten, dass Diane sich allmählich fragte, ob sie wohl ihren Beruf aufgeben müsste.

Sie war Sekretärin und arbeitete seit zehn Jahren für dasselbe Unternehmen. Die Vorstellung, ihren Job aufzugeben, machte ihr Angst, weil das Geld, das sie verdiente, das einzige regelmäßige Einkommen der Familie war. Ihr Mann, Robert, war selbstständig – sein

Verdienst unterlag großen Schwankungen. Als Diane mich zum ersten Mal aufsuchte, war sie 45 Jahre alt, ihr Mann war 46. Das Paar hatte zwei Kinder, die 12-jährige Emma und den 10-jährigen Jack.

Diane war ein Sandwichkind aus einer Familie mit fünf Mädchen, die alle kurz nacheinander geboren worden waren. Ihr Vater führte einen kleinen Betrieb, die Mutter war Hausfrau. Ihre Familie beschrieb sie als »liebevoll und einander sehr nahestehend«, fügte aber hinzu, dass Emotionen nicht offen gezeigt wurden. Diane konnte sich nicht daran erinnern, von ihren Eltern je in den Arm genommen worden zu sein. Alle fünf Schwestern waren laut Diane sehr feminin und wurden von den Eltern ermuntert, sich »nett und pflichtbewusst« zu verhalten. Zudem hatten die Eltern zwar alle Töchter gleichermaßen fürsorglich behandelt, aber selten als Individuen gewürdigt. Normalerweise wurde insgesamt von »den Mädchen« gesprochen, die möglichst nicht namentlich hervorgehoben wurden – außer, eines war unartig gewesen. So hatte Diane früh gelernt, sich einzuordnen und es allen recht zu machen: »Nur nicht auffallen« war die Devise. Als ich sie fragte, was ihr als Kind besonders viel Spaß gemacht und von welchem Beruf sie geträumt hatte, reagierte sie überrascht. Sie konnte sich lediglich daran erinnern, dass sie auf keinen Fall Aufmerksamkeit auf sich ziehen wollte.

Nur eine der fünf – Dianes jüngste Schwester – ging auf die Universität, und vier hatten früh geheiratet. Lediglich die jüngste war noch Single. Diane kannte Robert noch aus der Schule (er war im Jahrgang über ihr gewesen), und sie hatten geheiratet, als sie 19 war.

Ihre Ehe beschrieb Diane als »stabil, aber nicht besonders aufregend«. Das Paar hatte sich zwei Kinder gewünscht, und beide Schwangerschaften waren problemlos verlaufen. Die Tochter Emma war Diane zufolge »zurückhaltend wie ihr Vater, eher ängstlich und darauf bedacht, es allen recht zu machen«. Ihr Sohn Jack dagegen war »viel offener und voller Energie«. Sie fürchtete, Jack würde in der Pubertät schwierig werden, weil er, ihren Worten nach, »uns ständig austestet«. Ansonsten jedoch funktionierte die Familie gut und war glücklich miteinander.

Wegen Roberts zurückhaltendem Wesen hatten er und Diane praktisch kein Sozialleben, auch wenn sie am Wochenende meistens zu Dianes Eltern fuhren, die in der Nähe wohnten. Außerdem führte Diane jeden Samstag die Hunde aus dem örtlichen Tierheim aus.

Diane erzählte mir, dass ihre Arbeit ihr viel bedeutete, weil sie auf diese Weise wenigstens soziale Kontakte hatte, die ansonsten doch sehr eingeschränkt waren. Besonders die Gespräche mit Kollegen in den Kaffee- und Mittagspausen taten ihr gut. Genau deshalb irritierten sie die Panikattacken so, wie sie hinzufügte. Wovor hatte sie Angst, wenn es ihr doch gefiel, Teil eines »warmherzigen, freundlichen Kollegenkreises« zu sein?

Ich fragte Diane, ob ihr etwas oder jemand bei der

Arbeit einfiele, das oder der eventuell die Panikgefühle auslösen könnte. Sie war sich sicher, dass es da keinen Zusammenhang gäbe; die Anfälle kämen »wie aus dem Nichts«. Deshalb erklärte ich ihr, dass wiederholte Panikattacken praktisch nie grundlos aufträten. Um der Sache gemeinsam auf den Grund zu gehen, schlug ich ihr vor, einen Monat lang alle Attacken aufzuschreiben: Wann sie auftraten, wer bei ihr war, wo sie sich dann gerade befand und was in der halben Stunde zuvor geschehen war.

Bei unserem nächsten Termin berichtete Diane gleich zu Beginn, dass *jeden* Donnerstag mindestens eine Panikattacke auftrat, und zwar grundsätzlich am späten Nachmittag. Als wir uns detaillierter über diesen Zeitraum unterhielten, stellte sich heraus, dass Emma donnerstags nach der Schule Tanzunterricht hatte und Diane gern pünktlich Feierabend machte, um dem Unterricht zuzusehen.

Zufälligerweise war der Donnerstag aber auch jener Tag, an dem eine der anderen Sekretärinnen, eine weit weniger gut organisierte Frau als Diane, ebenfalls pünktlich gehen musste. Diese Frau wandte sich regelmäßig kurz vor Feierabend an Diane und bat sie, noch einige Kleinigkeiten für sie zu erledigen. Diane lehnte nie ab, geriet dadurch aber unter Zeitdruck und musste manchmal Robert bitten, Emma zum Unterricht zu fahren, weil sie wusste, dass ihre Tochter sich andernfalls vernachlässigt fühlen würde.

Als ich Diane fragte, warum sie die zusätzliche Arbeit

immer übernahm, reagierte sie überrascht. Nach einer langen Pause gab sie zu, dass sie es nicht wüsste. Sie war einfach davon ausgegangen, dass sie einspringen müsste. Auf meine Frage, ob die Kollegen und insbesondere diese Frau je für *sie* einsprängen, erwiderte sie, dass sie »ihnen nie solche Umstände bereiten würde«. Daraufhin sahen wir uns die Begleitumstände sämtlicher Panikattacken genauer an. Offenbar hingen alle damit zusammen, zusätzliche (unbezahlte) Überstunden zu leisten – oder Diane fürchtete zum jeweiligen Zeitpunkt auch nur, jemand könnte ihr gegenüber eine solche Bitte äußern.

Es sah so aus, als würde Diane sich weit mehr Verantwortung aufbürden, als ihre Arbeitsplatzbeschreibung von ihr verlangte. Als nächste Hausaufgabe trug ich ihr auf zu notieren, wie viele Überstunden sie tatsächlich leistete. Sie stellte rasch fest, dass es sich um vier bis sechs unbezahlte Überstunden pro Woche handelte, und zwar nicht, weil sie langsam oder inkompetent wäre, sondern ganz im Gegenteil. Alle Beurteilungen lobten und empfahlen sie, und man hielt ihre Leistung für weit überdurchschnittlich.

Daraufhin fragte ich, wie oft sie schon befördert worden war oder eine Gehaltserhöhung bekommen hätte. »Noch nie«, sagte sie. Ich erkundigte mich, ob sie um eine Beförderung ersucht hätte, worauf sie erneut überrascht reagierte und meinte, sie wüsste nicht, ob das angemessen wäre.

Allmählich wurde Diane klar, dass andere Sekretärinnen in ihrer Firma ganz anders reagierten, wenn man ihnen zusätzliche Aufgaben übertragen wollte. Wenn es gerade nicht passte, sagten sie dies frei heraus. Kein Wunder, dass alle sich an Diane wandten! Und kein Wunder, dass sie inzwischen den späten Nachmittag fürchtete, wo alle sich bemühten, ihre Arbeit möglichst schnell fertigzustellen, und sich nach möglichen Schlupflöchern umsahen. Das war der Zeitpunkt, an dem Diane alle eigenen Bedürfnisse hintenanstellte und zuließ, dass andere sie ausnutzten.

Der nächste Schritt war das Einüben eines klaren Neins, wenn Kollegen unangemessene Bitten äußerten. Ich übernahm die Rolle anderer Sekretärinnen, und Diane musste meine Anfragen ablehnen. Anfangs war ihr dies mehr als unangenehm, aber bald begann das Rollenspiel, ihr sogar Freude zu machen. Es erinnerte sie daran, wie gerne sie als Kind Theater gespielt und sich an Schulaufführungen beteiligt hatte. Das Theater hatte sie immer fasziniert, insbesondere wenn sie sich verkleiden und sich anders geben durfte, als sie in Wirklichkeit war.

Als der Zeitpunkt kam, unsere Übungen in die Praxis umzusetzen, war Diane ziemlich aufgeregt. »Wobei ich nicht annähernd so nervös war, wie wenn man mich früher bat, etwas zu übernehmen, was ich auf keinen Fall innerhalb einer vernünftigen Zeitspanne fertigstellen konnte«, räumte sie mir gegenüber ein. Bald merkte sie, dass es gar nicht so schwer war, zu einer unfairen oder äußerst unpraktischen Bitte »Nein« zu sagen.

Inzwischen hatte Diane in unseren Gesprächen die Führung übernommen. Sie berichtete, wie überrascht und erfreut sie gewesen war, als sie feststellte, dass ihre neue Selbstsicherheit gleich mehrere positive Konsequenzen hatte. Zunächst einmal machte sie sich damit bei den Kolleginnen keineswegs unbeliebt, wie sie befürchtet hatte, sondern man brachte ihr plötzlich mehr Respekt entgegen. Zweitens bemerkte sie, dass ihr das Aushelfen, wenn es ihr zeitlich passte, »mehr gefiel als je zuvor«. Und drittens waren die Panikattacken praktisch verschwunden, und Diane hatte insgesamt wieder mehr Elan.

Bei unserer letzten Sitzung bat Diane mich wegen einer anderen beruflichen Frage um Unterstützung. Ihr nächstes Mitarbeitergespräch mit der Personalabteilung stand kurz bevor, und sie wollte üben, wie sie um eine Beförderung bitten konnte. In der Folgewoche hinterließ sie mir eine Nachricht: Sie war befördert worden und hatte darüber hinaus eine außertarifliche Gehaltszulage erhalten.

Was wir aus Dianes Erfahrungen lernen können

Diane ist ein typisches Beispiel für mittlere Kinder. Einerseits ist sie aufgrund ihrer sozialen und kooperativen Fähigkeiten dazu in der Lage, sich am Arbeitsplatz gut einzufügen, wobei sie sich gleichzeitig an ein häusliches Leben mit einem Mann gewöhnt hat, der weniger kontaktfreudig ist als sie. Andererseits jedoch hat ihr Wunsch, »sich anzupassen«, dazu geführt, dass andere sie allmählich ausnutzten, ohne dass Diane dies überhaupt bewusst wurde.

Diane nutzte ihre Freude am Theaterspielen, um sich mit Hilfe von Rollenspielen darauf vorzubereiten, am Arbeitsplatz besser für sich selbst einzustehen. Wir gingen in kleinen Schritten vor, damit sie sich stets vergewissern konnte, dass die Freundschaften am Arbeitsplatz, die ihr so viel bedeuteten, nicht in Gefahr waren. Bei den letzten beiden Terminen kam der Vorschlag, schneller vorzugehen, von Diane selbst. Sie hatte gelernt, auf sich selbst zu hören und besser darauf zu achten, nicht nur anderen eine Freunde zu machen und gut mit ihnen zurechtzukommen, sondern auch das am Arbeitsplatz zu erreichen, was sie sich erhoffte.

Fallstudie: Peter

Peter war 51 Jahre alt, als man ihn an mich verwies. Damals litt er seit über einem halben Jahr an schweren Schlafstörungen. Irgendwann hatte der Arzt ihm Schlaftabletten verschrieben, die anfangs auch gewirkt hatten. Nach sechs Wochen ließ ihre Wirkung jedoch nach. Nun wälzte sich Peter jede Nacht unruhig im Bett herum. Er berichtete, dass er schon den Moment des Zubettgehens fürchtete, weil er sich sicher war, wieder nicht einschlafen zu können. In manchen Nächten hatte er das Gefühl, überhaupt keinen Schlaf zu finden.

Peter sagte, er könne nicht einmal in den Ferien mehr abschalten. Inzwischen war er morgens so erschöpft, dass er nicht mehr zur Arbeit gehen konnte. Sein Hausarzt hatte ihn für sechs Wochen krankgeschrieben, aber im Gegenzug verlangt, dass Peter sich einer Therapie unterzog.

Peters Problem hatte nach und nach eingesetzt, nachdem er vor etwa einem Jahr befördert worden war. Er arbeitete in der Personalabteilung eines großen Unternehmens, in der er über die Jahre hinweg immer weiter aufgestiegen war. Seine Probleme hatten jedoch erst im letzten Jahr begonnen, als ihm die Leitung der Abteilung übertragen wurde.

Zu Hause war laut Peter alles in Ordnung. Er war seit 26 Jahren verheiratet und beschrieb seine Beziehung als »stabil und dienlich«. In letzter Zeit jedoch machte er sich Gedanken, ob seine Frau seine nächtliche Ruhelosigkeit nicht irgendwann satt hätte. Auch wenn sie ihm versicherte, dass dem nicht so wäre, fürchtete Peter, seine Schlaflosigkeit könnte auch seine Ehe beeinträchtigen. Seine Frau Sarah hatte sich immer um die Familie gekümmert und war für alle Familienmitglieder der Fels in der Brandung. Peter verließ sich ganz auf ihre fröhliche, beständige Natur, mit der sie ihn immer wieder aufbaute, wenn es ihm schlecht ging. Sie hatten zwei Kinder, die inzwischen beide studierten. Peter berichtete, dass er sehr stolz auf seine Kinder wäre, aber inzwischen befürchtete, ihnen ihr Studium nicht mehr finanzieren zu können, wenn er weiterhin arbeitsunfähig wäre. Das war in letzter Zeit seine Hauptsorge.

Peter war der mittlere von drei Söhnen. Seine Kindheit beschrieb er als »völlig normal… nichts Bemerkenswertes«. Sein Vater hatte in einer Fabrik gearbeitet, seine Mutter war Hausfrau. Sie wohnten immer noch in dem Haus, in dem Peter aufgewachsen war, erfreuten sich guter Gesundheit und hatten Spaß am Leben. Mit seinen Brüdern vertrug er sich gut, obwohl sie als Kinder sehr miteinander konkurriert und sich ständig aneinander gemessen hatten. Sein älterer Bruder war Gutachter, der jüngere arbeitete wie Peter im Personalwesen. Peter gestand mir, dass sein jüngerer Bruder immer zu ihm aufgesehen und ihm oft erzählt hatte, dass er sich bei seiner Berufswahl ganz an ihm orientiert hatte. Allerdings »wirkt Geoff nie gestresst, denn er lässt sich vom Job nicht auffressen«, meinte Peter betreten.

Früher war Peter gern der Friedensstifter gewesen. Seiner Aussage nach hatte er die Wogen geglättet, wenn alle aufbrausten, und wenn sie miteinander wetteiferten, war er auch derjenige gewesen, der die Dinge so hingedreht hatte, dass der Verlierer sich wieder besser fühlte. »Deshalb war Personalwesen auch so naheliegend für mich«, erklärte er. »Lösungen finden, wenn es schwierig wird.«

Als wir uns mehr mit Peters Kindheit beschäftigten, wurde bald klar, dass seine Bemühungen um eine friedliche Lösung ihren Preis gehabt hatten. Die Lösungen, die er als Kind vorschlug, bedeuteten normalerweise, dass er nachgeben musste oder dass er alles Gute seinen Brüdern zuschrieb, obwohl auch er ein Lob verdient gehabt hätte. Schließlich erkannte er, dass er diese Einstellung als Erwachsener auf seine Arbeit übertrug, wo sie viele Jahre auch gut funktioniert hatte. Seit seiner letzten Beförderung jedoch musste er mehr tun, als nur die Wogen zu glätten. Schon in den ersten Monaten hatte er zwei Kollegen die Kündigung nahelegen und vier weitere Stellen streichen müssen. Als seinen wichtigsten Charakterzug betrachtete er, dass er jemand sei, »den jeder mag« – doch jetzt musste er sich bei einigen Kollegen unbeliebt machen. Inzwischen begriff er, dass seine Beförderung die Grundfesten seines Selbstbilds bedrohte. Er war enorm erleichtert, als er sich eingestand, dass dies mehr Verantwortung bedeutete, als er zu tragen bereit war.

Peter kam selbst auf den möglichen Kompromiss (was sonst!), indem er vorschlug, Sarah zu fragen, ob sie ihm helfen könnte, die häuslichen Ausgaben zurückzuschrauben. Wenn sie feststellen würden, dass die Ausbildung der Kinder nicht gefährdet war, würde er den

Vorstand darum bitten, wieder auf seinem vorherigen Posten eingesetzt zu werden. Sarah teilte ihm zu seiner Freude mit, dass sie gern selbst einen Teilzeitjob annehmen wollte. Seit die jüngere Tochter studierte, war es Sarah etwas langweilig geworden, und sie empfand die derzeitige Lage als Anstoß, sich eine Arbeit zu suchen. Angesichts ihrer Unterstützung redete Peter mit seinem Vorgesetzten. Er erfuhr, dass man so große Stücke auf ihn hielt, dass man seiner Bitte nachkommen wolle, sein Gehalt jedoch auf dem bisherigen Niveau bleiben sollte. Darüber war Peter überglücklich.

Inzwischen schlief er wieder besser und hatte viel mehr Energie, so dass wir übereinkamen, dass weitere Termine nicht notwendig waren.

Was wir aus Peters Erfahrungen lernen können

Peters Verhandlungsgeschick und seine Bemühungen um Kompromisse, die für ein mittleres Kind so typisch sind, hatten ihm gute Dienste geleistet, bis er beruflich eine Position erreichte, in der er unglücklich war. Als er sich schließlich bemühte, seine eigenen Probleme zu lösen, brauchte er nicht lange, bis er einen gangbaren Weg entdeckte.

Zudem machte ihm dieser »Rückschlag« klar, dass er sich nie die Zeit genommen hatte, seine Prioritäten zu klären oder festzustellen, ob seine Laufbahn noch in der richtigen Richtung verlief. Jetzt merkte er, dass seine »Karriere« ihm eigentlich ziemlich unwichtig war. Er war am glücklichsten, wenn er in Ruhe arbeiten konnte, ohne an seine Grenzen zu gelangen, und erkannte nun, dass Beförderungen und Gehaltserhöhungen ihm weniger wichtig waren als Zufriedenheit mit seinem Job.

Sandwichkinder – kurz und knapp

Hier folgt eine kurze Zusammenfassung der typischen Eigenschaften mittlerer Kinder:

- Gute soziale Fähigkeiten. Sie nehmen die Bedürfnisse anderer Menschen wahr und sind geschickt darin, Kompromisse zu finden.
- Lassen sich leicht mitreißen.
- Realistische Einschätzung der eigenen Fähigkeiten, häufig aber keine klare Vorstellung von dem, was ihnen im Leben wirklich wichtig ist.
- Setzen sich gern für Benachteiligte und Bedürftige ein, bitten aber selten um Hilfe, wenn sie selbst in Not sind.
- Besonders in der Jugend häufig eine Phase, in der sie sich ungewöhnlich oder extrem kleiden und zeigen.
- Besonders gute Leistungen in nicht-akademischen Bereichen.

- Sind bei ihrem Auszug oft jünger als ihre Geschwister.

Jetzt wird es Zeit, sich den jüngsten Mitgliedern der Familie zuzuwenden.

3. Nesthäkchen

Das ist die Geburtsposition, die angeblich die meisten Menschen auf Anhieb wählen würden. Der oder die Jüngste der Familie bleibt immer das Nesthäkchen, um das sich die anderen liebend gern kümmern. Fehler oder Unzulänglichkeiten werden gern entschuldigt, Hilfe bereitwillig gewährt, und niemand nörgelt die ganze Zeit an einem herum: »Werd endlich erwachsen und mach das selber.« Wenn andere Familienmitglieder sich unreif verhalten, werden sie entweder ignoriert oder mit Missfallen behandelt, doch wenn das Nesthäkchen sich dasselbe Verhalten erlaubt, wird es normalerweise mit Aufmerksamkeit überschüttet. Und meistens erhält es auch die Hilfe, die es gesucht hat.

Warum werden die Jüngsten so anders behandelt als alle anderen Familienmitglieder? Schließlich waren wir alle mal die süßen Kleinen. Warum werden Kinder von anderen Geburtspositionen entweder ignoriert oder bedrängt, »erwachsen zu werden« und ihre Angelegenheiten selbst zu regeln? Um das zu beantworten, müssen wir uns erneut der Familie zuwenden und das Umfeld betrachten, in dem das letzte Kind aufgewachsen ist.

Das familiäre Umfeld

In den letzten 50 Jahren haben die Fortschritte in Medizin und sozialem Leben die Einstellung zur Kindererziehung von Grund auf verändert. Die Auswirkungen dieser Revolution zeigen sich besonders bei den Letztgeborenen. Durchbrüche beim Verständnis für die menschliche Fortpflanzung ermöglichen uns mittlerweile ein hohes Maß an Kontrolle über die Frage, ob und wann wir Kinder haben möchten. Eltern können einigermaßen zuverlässig entscheiden, wie viele Kinder sie großziehen möchten – und wissen beim jüngsten Kind ziemlich sicher, dass dies wohl das letzte Mal ist, dass sie die Elternrolle einnehmen.

Auch wenn dieses Wissen bei vielen Eltern zweifellos von einem Gefühl der Erleichterung begleitet wird, geht es doch auch mit Gefühlen wie Nostalgie und Bedauern einher. Für die eigenen Eltern war das Nesthäkchen also das letzte Baby, das sie aufziehen würden: Jeder »erste Schritt« dieses Kindes war für sie zugleich ein letztes Mal. Ohne sich dessen bewusst zu sein, bedeutet dies vielfach, dass die Eltern ihre Jüngsten für abhängiges, unreifes Verhalten belohnen. Das kommt besonders dann vor, wenn Eltern noch nicht bereit sind, ihre Elternrolle aufzugeben – eine Rolle, die wir Menschen gern in dem Augenblick idealisieren, wo wir sie zu verlieren drohen. Achten Sie einmal darauf, wie viel Mitleid wir Eltern entgegenbringen, deren Kinder alle ausgeflogen sind.

Gleichzeitig neigen Eltern oftmals dazu, ihre Jüngsten übermäßig zu beschützen und zu verwöhnen. Manch einer wird sogar freimütig zugeben, dass er sich bei der Erziehung des jüngsten Kindes *zu sehr* ins Zeug gelegt hat und besonders nachsichtig war, als ließen sich dadurch die Fehler, die vielleicht bei der Erziehung der älteren Kinder gemacht wurden, wiedergutmachen.

Andererseits hatten die Eltern aber auch mehr Erfahrung mit ihrer Elternrolle. Bei der Geburt des jüngsten Kindes hatten sie vielleicht schon eine gute Vorstellung davon, was wirklich wichtig ist und was man getrost ignorieren kann. Außerdem blieb vielleicht gar nicht genug Zeit, das Jüngste ständig zu beaufsichtigen und zu erziehen, jedenfalls weniger als bei den älteren Geschwistern. Deshalb sagen viele Menschen, dass sie ihre jüngsten Geschwister beneidet hätten – offenbar kommen die Jüngsten mit vielem durch, was die Eltern den Älteren nie durchgehen lassen würden.

Ein weiterer Unterschied besteht darin, dass stets mehr Familienmitglieder bereitstanden, wenn die

Kleinsten einen Wunsch äußerten (jedenfalls mehr als bei jedem anderen Kind zuvor). Die Jüngsten einer Familie haben nie sehr lange auf eigene Faust mit einem Problem zu kämpfen.

Und schlussendlich kam nie ein jüngeres Geschwisterkind hinzu, das einem die Rolle als der oder die »Kleine« abspenstig machen konnte. Darum sahen sich die Jüngsten nie gezwungen, eventuell vorhandene kindische Verhaltensweisen abzulegen.

Aus diesem Grund wächst ein Nesthäkchen in einer Atmosphäre auf, die es dazu ermuntert, abhängig zu bleiben und sich umsorgen und verwöhnen zu lassen. Eine solche Erwartungshaltung begünstigt eher die Entwicklung eines charmanten Wesens als eines Menschen mit besonderer Leistungsbereitschaft!

Typische Eigenschaften von Nesthäkchen

Wenden wir uns nun den Eigenschaften zu, die sich in der oben beschriebenen Atmosphäre am ehesten entwickeln werden:

Nesthäkchen verhalten sich offen, charmant
und »niedlich« – in Gesellschaft sind sie oft
die geborenen Alleinunterhalter

Die zuletzt Geborenen sind vielfach gesellige Menschen und genießen es, im Mittelpunkt zu stehen. Häufig achtet alles auf sie, oder sie spielen den Gruppenclown, der alle unterhält und zum Lachen bringt.

Warum dieses Verhaltensmuster zur Gewohnheit wird, ist leicht nachvollziehbar. Immerhin gab es stets bereits mindestens ein weiteres Kind in der Familie, das reifer, geschickter und erfahrener als das jüngste Geschwisterchen war. Die anderen erhielten Aufmerksamkeit, weil sie »schon groß« waren und zeigen konnten, wie gut sie etwas Neues lernen. In Bezug auf das Darwin'sche Divergenzprinzip (siehe Seite 62, *Sandwichkinder*) bedeutet dies, dass das jüngste Kind der Familie ein neues Verhaltensmuster entdecken muss – eines, mit dem es sich von seinen älteren Geschwistern abhebt, aber mindestens genauso attraktiv erscheint wie sie. Dies gilt besonders, wenn die Eltern genau wussten, dass dieses Kind das letzte der Familie war, so dass »niedliches«, babyhaftes Verhalten oftmals besonders beachtet wurde.

Zudem ist abhängiges Verhalten bei diesen Kindern nie ernsthaft bedroht, weil kein Baby mehr hinterherkommt, das selbstverständlich deutlich besser darin wäre, auf bezaubernde Weise hilfsbedürftig zu sein.

Darum gab es auch nie einen zwingenden Grund, das aufmerksamkeitsheischende Wesen abzulegen und sich neue, erwachsenere Verhaltensweisen anzueignen. Letztgeborene haben im Gegenteil allen Grund, sich möglichst lange als Kind aufzuführen.

Das ist allerdings nicht immer und überall hilfreich. Ein hilfloses Kind gilt als niedlich und liebenswert, während dasselbe Verhalten bei Erwachsenen weniger positiv besetzt ist. Damit kommen wir zu einem zweiten typischen Charakterzug von Nesthäkchen.

Nesthäkchen manipulieren gern

In extremer Ausprägung kann Charme zu Manipulation ausarten. An diesem Punkt ist er dann nicht mehr bezaubernd, weil die Menschen im Umkreis des Manipulierenden sich übergangen fühlen und in der Falle zu sitzen meinen, besonders wenn sie finden, dass zu viel von ihnen verlangt wird. Wie so oft in zwischenmenschlichen Beziehungen hängt es weitgehend von den Reaktionen der anderen ab, ob ein jüngstes Kind weiterhin seine Hilflosigkeit kultiviert oder sich zunehmend manipulativ verhält.

Wenn wir als Kind unseren Charme und unsere offensichtliche Bedürftigkeit spielen lassen und dafür Wohlwollen ernten und unser Ziel erreichen, wird sich dieses Verhalten kaum jemals ändern. Wenn man uns hingegen ermuntert, selbst aktiv zu werden, und uns zeigt, wie das geht, und danach für jeden Versuch lobt, werden wir zweifellos mit zunehmendem Alter weniger bedürftig und fordernd auftreten. Dem jüngsten Kind gegenüber legen Eltern jedoch nur allzu häufig einen verwirrenden, ambivalenten Erziehungsstil an den Tag. Sie wollen ein süßes, kleines Kind, das allerdings nicht allzu lästig sein darf. Diese zweideutige Botschaft veranlasst das jüngste Kind in vielen Fällen dazu, nicht mehr auf nette Weise, sondern frustriert zur Manipulation zu greifen, um Aufmerksamkeit zu erheischen.

Mit den Auswirkungen ambivalenter Elternbotschaften beschäftigen wir uns in Kapitel 5, *Die Eltern*. Vorerst sollten Sie nur wissen, dass Ambivalenz gegenüber den Jüngsten zumeist ängstlichem, abhängigem Verhalten Vorschub leistet und sie nicht unbedingt ermuntert, unabhängiger und erwachsener zu werden oder »den Charme-Knopf« zu drücken.

Nesthäkchen sind oft ziemlich schlecht organisiert, haben aber selbst kein Problem damit

Jüngste Geschwister konzentrieren sich so stark darauf, was andere für sie tun können, dass sie weniger Zeit haben, sich eigene Ziele zu setzen und ihr eigenes Verhalten zu organisieren (oder für andere Menschen zu planen und für diese zu organisieren, wie es die Erstgeborenen so gern tun). Weil sie zudem aus

Erfahrung davon ausgehen, dass andere für sie in die Bresche springen, nehmen sie sich möglicherweise nie die Zeit, innezuhalten und darüber nachzudenken, was sie gerade tun und wo sie eigentlich hinwollen – auch dies ganz im Gegensatz zu einem Erstgeborenen. Das bedeutet, dass Jüngste oft ziellos oder gar chaotisch erscheinen.

Dieser Mangel an Selbstorganisation und Zielstrebigkeit macht ihnen selbst allerdings weniger zu schaffen als ihren Mitmenschen, insbesondere den strebsamen, besorgten Ältesten und Einzelkindern. Dennoch schadet ihnen diese Einstellung nicht zwangsläufig, denn wie wir gleich sehen werden, hat sie auch positive Seiten.

Nesthäkchen sind häufig kreativ und innovativ

Mangelndes Organisationstalent bedeutet zwar einerseits, dass man sich nur ungern festlegt, hängt aber andererseits auch mit Kreativität zusammen. Wer sorgfältig plant, neigt dazu, neue Möglichkeiten zu ignorieren. Ohne Planung dagegen können wir gegenüber ungewöhnlichen Denkweisen offen bleiben und unser Umfeld unvoreingenommen wahrnehmen.

In der Tat waren viele große Innovatoren und Erfinder Nesthäkchen oder zumindest der jüngste Sohn beziehungsweise die jüngste Tochter in ihrer Familie. Der amerikanische Psychologe Frank Sulloway hat das Leben und insbesondere die Geburtsposition diverser kreativer Menschen unter die Lupe genommen und sich für die Erklärung, warum diese Letztgeborenen seiner Meinung nach neuartige Sichtweisen entwickeln mussten, auf das Darwin'sche Divergenzprinzip (siehe Seite 62, *Sandwichkinder*) berufen.

Das Problem der Jüngsten ist, dass ihnen nicht mehr so viele Möglichkeiten bleiben, von den Eltern als einzigartig wahrgenommen zu werden, weil die älteren Geschwister bereits die meisten oder gar alle üblichen Methoden ausgeschöpft haben. Es bleibt ihnen kaum eine andere Wahl, als Neuland zu betreten, um Aufsehen zu erregen. Diese These untermauert Sulloway anhand der Familiengeschichten zahlreicher Berühmtheiten und verweist dabei sogar auf Charles Darwin selbst – Darwin war das fünfte von sechs Kindern und der jüngste Sohn der Familie.

Nesthäkchen sind die geborenen Rebellen und stellen Autoritäten gern in Frage

Wer sich zu neuen Ufern aufmacht, »rebelliert« häufig gegen die Konventionen. Viele werden ein solches Verhalten als Herausforderung von Autoritäten und traditionelleren, bewährten Verhaltensweisen empfinden.

Respekt vor Autoritäten (wie bei Erstgeborenen) und Kompromissbereitschaft, um soziale Spannungen

auszugleichen, (wie bei Sandwichkindern) sind ausgezeichnete Eigenschaften, wenn man in erster Linie
den Status quo erhalten will. Wer es jedoch auf einen
kreativen Durchbruch anlegt, muss bereit sein, die
etablierten Methoden und Regeln und alle üblichen
Sichtweisen beiseitezuschieben. Da die zuletzt Geborenen zwangsweise neue Wege finden mussten, um
auf sich aufmerksam zu machen, neigen sie auch am
ehesten dazu, die Konventionen derart auf den Kopf
zu stellen. Solche Letztgeborenen gelten fast immer
ihr Leben lang als Rebellen – und erst deutlich später
als Wegbereiter und Genies.

Dabei ist es für die Jüngsten auch viel einfacher als
für die älteren Geschwister, Regeln zu brechen und
sich unkonventionell zu verhalten. Schließlich hatten die Eltern bei ihnen bereits mehr Erfahrung, aber
auch mehr zu tun, und sie waren beim jüngsten Kind
auch eher geneigt, ihm etwas durchgehen zu lassen.

Nesthäkchen sind risikofreudiger als andere

Diese Eigenschaft geht mit der Neigung, Autoritäten
und die von ihnen vertretenen Regeln in Frage zu stellen, Hand in Hand. Schließlich wollen Letztgeborene
sich gern von den älteren Geschwistern absetzen, und
wenn die sichereren, konventionellen Gebiete bereits
besetzt sind, bleiben ihnen nur die riskanteren Optionen.

Kinder testen von Natur aus die ihnen gesetzten Grenzen aus und lehnen sich dagegen auf. In Kombination mit der Tatsache, dass Eltern diese Grenzen mit jedem Kind etwas weiter spannen, rennen die Jüngsten gegen die großzügigsten Grenzen an und wählen deshalb auch das riskanteste Terrain.

Demnach kann man zu Recht davon ausgehen, dass die jüngsten Geschwister schon von klein auf risikofreudiger sind: Sie mussten immer mit den Älteren wetteifern und sich daher mehr bemühen und unkonventionelle Methoden oder Abkürzungen wählen, um das zu erhalten, wonach sie sich sehnten. Aber liegt diese Risikobereitschaft auch noch vor, wenn die Geschwisterrivalität im Erwachsenenalter nicht mehr besteht? Eine aktuelle Studie von Frank Sulloway und seinem Kollegen Richard Zweigenhaft lässt in der Tat darauf schließen, dass dieser Charakterzug erhalten bleibt.

Bisher haben wir ein relativ beneidenswertes Bild von der Position der Jüngsten in der Familie gezeichnet. Sie hatten erfahrene Eltern, von denen sie vielfach nachsichtig behandelt und eher verwöhnt wurden, die ihnen aber auch viel Freiheit ließen, das zu tun und zu denken, was ihnen beliebte.

Aber gibt es neben einer gewissen Neigung, andere zu manipulieren, noch weitere negative Eigenschaften, die mit dieser Geburtsposition einhergehen? In meinen Augen sind da vor allem zwei zu nennen.

Nesthäkchen sind nicht besonders selbstbewusst und fühlen sich leicht unterlegen

Diese Eigenschaft ist verständlich, wenn wir das Leben aus der Position der Jüngsten betrachten: Alle anderen sind größer, stärker und fähiger als sie. Vielleicht sehen sie sich sogar selbst von Anfang an als »noch nicht so weit«. Natürlich neigen auch Erstgeborene zu einem kritischen Blick auf sich selbst, aber sie sind von weniger Personen umgeben, und zumindest anfangs orientieren sie sich in erster Linie an den Erwachsenen, die für sie sorgen, nicht an anderen Kindern, die mit ihnen wetteifern. Nesthäkchen hingegen vergleichen sich weniger mit den Eltern – sie versuchen eher, so zu werden wie sie – und messen sich lieber mit anderen Kindern, insbesondere den älteren Geschwistern. Wenn die Jüngsten sich nun mit anderen vergleichen, kommen sie vielfach zu dem Schluss, dass sie weniger kompetent sind als die anderen. Das ist nicht ihre Schuld, sondern rührt daher, dass die anderen nun einmal einen altersmäßigen Vorsprung haben. Dennoch kann diese Beobachtung dazu führen, dass die »Kleinen« sich noch hilfloser vorkommen, denn diesen Vorteil der älteren Geschwister im Hinblick auf Alter und Erfahrung können sie in keiner Weise beeinflussen.

Wer nun eher dazu neigt, sich als unterlegen oder zumindest weniger maßgebend wahrzunehmen, folgert daraus leicht, dass es sich gar nicht lohnt, etwas selbst zu versuchen. Das wiederum verstärkt die Tendenz, von anderen Menschen abhängig zu bleiben. Dieser Teufelskreis kann jegliche schlechte Meinung von den eigenen Fähigkeiten nähren.

Ein anderer Grund, weshalb insbesondere jüngste Kinder, die in den letzten Jahren aufgewachsen sind, häufig an ihren Fähigkeiten zweifeln, ist ein neuer (und meiner Ansicht nach missverstandener) Erziehungsansatz. In den 1980er- und 1990er-Jahren herrschte vielfach die Maxime, dass es wichtig ist, »das Selbstbewusstsein der Kinder zu stärken«, indem man ihnen sagte, wie toll sie waren – ob sie dieses Lob nun verdient hatten oder nicht. Verschiedene Untersuchungen, insbesondere jene unter der Leitung der Professorin Carol Dweck von der Columbia Universität in New York, ergaben jedoch, dass dieser Ansatz kontraproduktiv sein kann. Der Glaube an die eigenen Fähigkeiten entsteht genau wie großes Selbstbewusstsein bevorzugt bei Kindern, die für ihre Anstrengungsbereitschaft gelobt werden. Das Anerkennen echter Bemühungen zählt offenbar mehr als das tatsächliche Ergebnis. Das Selbstbewusstsein und die Bereitschaft, eine echte Herausforderung anzunehmen, steigen bei Kindern eher, wenn man sie dafür lobt, dass sie sich wirklich anstrengen, als dafür, wie schlau sie doch sind.

Natürlich beeinflusst die falsche Art des Lobens

alle Kinder, doch die Jüngsten leiden meiner Erfahrung nach am stärksten darunter. Das liegt teilweise daran, dass die Eltern das jüngste Kind am meisten verhätscheln und deshalb gern mit Lob überhäufen, auch wenn es eigentlich wenig zu loben gibt. Zudem wirkten die Menschen der unmittelbaren Umgebung wahrscheinlich so viel »klüger« und »genialer« als man selbst, dass leicht Zweifel an der Ehrlichkeit solcher Lobeshymnen aufkommen. So niederschmetternde Schlussfolgerungen können einen Menschen dazu bringen, nicht nur an sich selbst zu zweifeln, sondern auch an jedweder Anerkennung, die man ihm gegenüber äußert.

Nesthäkchen reagieren schnell enttäuscht und fühlen sich leicht im Stich gelassen

Je häufiger und länger wir von anderen Menschen umsorgt werden, anstatt dass man uns auffordert, für uns selbst zu sorgen, desto größer ist die Gefahr, sich später von anderen im Stich gelassen zu fühlen. Diese Beobachtung gilt ganz besonders für die Letztgeborenen. Sie wachsen mit der Erwartung auf, dass andere – insbesondere Elternfiguren – automatisch wissen, was sie wollen, und ihnen dies auch bereitwillig zur Verfügung stellen.

Das ist vielleicht tatsächlich so, solange sie das süße, kleine Kind sind, doch mit zunehmendem Alter und mehr Kontakt zu Gleichaltrigen stellen sie überrascht, mitunter sogar verletzt, fest, dass andere eine ausgeglichenere Beziehung erwarten. Das führt leicht zu Enttäuschungen. Gerade die Jüngsten reagieren in dieser Beziehung empfindlich und fragen sich, ob die anderen sich wohl überhaupt etwas aus ihnen machen. Kritisch wird diese Haltung, wenn sie irgendwann allen anderen die Schuld geben, sobald etwas nicht nach ihrem Geschmack verläuft. Wer jedwede Eigenverantwortung derart von sich weist, verzichtet auf die Möglichkeit, selbst Einfluss zu nehmen.

Das zeigt wieder, wie eng die Erziehungsmethoden und Einstellungen der Eltern mit der Geburtsposition verwoben sind und wie ihr Zusammenspiel die »typischen« Eigenschaften hervorbringt, die wir mit den verschiedenen Positionen in der Familie verbinden. Darauf und auf andere Wechselwirkungen werden wir später eingehen. Vorläufig sollten Sie sich nur merken, dass alle Aspekte dieser Geburtsprofile viel logischer und bedeutsamer erscheinen werden, sobald Sie die individuellen Faktoren einbeziehen, die im zweiten Teil des Buches beschrieben werden.

Partnerwahl für Nesthäkchen

Am glücklichsten werden die meisten Jüngsten mit einem Ältesten, der ihnen das Organisieren abnimmt und es als selbstverständlich ansieht, auf andere zu achten und für sie zu sorgen. Viele regelhörige Älteste empfinden die rebellische Ader der Jüngsten als erfrischend – so können sie sich indirekt am risikofreudigen Verhalten des Jüngsten erfreuen, ohne selbst gegen den Status quo anzurennen.

Die Verbindung zwischen Erst- und Letztgeborenen kann allerdings auch Schattenseiten mit sich bringen. Jüngste, die stur an ihren Überzeugungen festhalten, können mit konventionellen Erstgeborenen aneinandergeraten, wenn diese darauf bestehen, die Hausregeln festzulegen.

Auch mittlere Kinder sind für Jüngere eine gute Partie. Ein offener, kompromissbereiter Partner aus der Sandwichposition gestattet einem Jüngsten am ehesten, den eigenen Träumen nachzujagen, wie unkonventionell und unrealistisch diese auch sein mögen. Ein solches Paar ist vielleicht weniger ordentlich und zielstrebig als die Kombination aus einem Jüngsten und einem Ältesten, aber es besteht eine größere Chance auf eine einvernehmliche, rücksichtsvolle Beziehung.

Jüngste, die sich mit anderen Nesthäkchen zusammentun, bilden wahrscheinlich ein extrem kreatives

Gespann, das aufgrund seiner interessanten Dynamik anziehend auf andere wirkt. Andererseits könnte es zwei jüngsten Geschwistern schwerfallen, vorausschauend zu planen und sicherzustellen, dass auch der Alltag mit all seinen Pflichten bewältigt wird. Im Falle eines Paares aus zwei Nesthäkchen könnte das Leben somit ziemlich chaotisch werden!

Einzelkinder und Nesthäkchen wiederum bilden oft ein gutes Team, in dem die meist umsichtigen und gewissenhaften Einzelkinder ihrem weniger organisationsfreudigen Partner einiges an Verantwortung abnehmen. Sie selbst wiederum profitieren von der Kreativität und Abenteuerlust, die ein Jüngster oder eine Jüngste in die Beziehung einbringt.

Der richtige Beruf für Nesthäkchen

Im Idealfall sollten jüngste Brüder oder Schwestern einen Beruf wählen, in dem sie in ihrem eigenen Tempo arbeiten und den Ideen nachgehen können, die ihnen bei der Arbeit kommen. Am besten geeignet sind kreative Berufe, die zum Beispiel mit Design, Erfindungen und Innovation zu tun haben. Die meisten Menschen haben zu Beginn ihres Arbeitslebens allerdings nur wenig Freiheit und müssen sich diese erst verdienen, indem sie sich den Anforderungen und Zeitplänen anderer unterwerfen. Zuletzt Geborene brauchen diese anfängliche Organisation und Zeitplanung zu unmissverständlichen Bedingungen mehr als jeder andere. Gleichzeitig sind sie am glücklichsten, wenn ihre Vorgesetzten die Vorgaben so durchsetzen, dass sie das Gefühl haben, mehr Freiheit zu haben, als es tatsächlich der Fall ist. Dieser subtile Führungsstil ist die beste Methode, um die Kreativität und Originalität der Jüngsten optimal zu fördern.

Wenn sie lieber allein oder selbstständig arbeiten – was viele Jüngste bevorzugen –, müssen sie Selbstdisziplin lernen. Das ist auch durchaus möglich, fällt den Jüngsten jedoch schwerer als vielen anderen Menschen.

Berühmte Nesthäkchen

Janet Jackson
Johnny Depp
Johanna von Orléans
Eddie Murphy

Fallstudie: Louise

»Ich mache mir sowieso keine großen Hoffnungen. Ich erwarte gar nicht, dass Sie mich verstehen – das ist noch keinem gelungen. Warum sollte es diesmal anders sein?«

Mit diesen Worten leitete Louise unsere erste Therapiestunde ein. Sie war 28 Jahre alt und von ihrem Hausarzt wegen einer »Depression mit Angstsymptomen« an einen Psychologen überwiesen worden. Den Hausarzt hatte sie aufgesucht, weil sie seit Wochen an Schlafstörungen litt und inzwischen bei der Arbeit »den Faden verlor«, wie sie es ausdrückte, da sie sich nicht mehr konzentrieren konnte. Der Arzt hatte ihr niedrig dosierte Antidepressiva verordnet und zu einer Psychotherapie geraten.

Louise arbeitete seit vier Jahren als Eventmanagerin für ein kleines Theater. Sie kümmerte sich um die Finanzierung und plante Aufführungen für Schulen sowie besondere Vorstellungen. Mir erzählte sie, dass ihre Arbeit ihr viel Spaß machte (es war der bisher längste Job ihrer Laufbahn), dass sie sich jedoch eigentlich wünschte, selbst auf der Bühne zu stehen – »wenn ich nur gut genug wäre«.

Drei Jahre lang hatte sie mit ihrem Partner zusammen gewohnt, bis die Beziehung vor vier Monaten zerbrochen war. Richard, ein Managementberater, war ihr dritter fester Freund gewesen. »Allerdings«, meinte Louise,

»hat er mich nach der ersten Verliebtheit ziemlich enttäuscht, genau wie die anderen.« Unmittelbar nach dem
Bruch war sie für ein paar Wochen bei ihren Eltern un-
tergekommen, hatte dann aber eine kleine Wohnung
in der Nähe ihres Arbeitsplatzes gefunden, wo sie nun
allein lebte. Sie sagte, sie würde die Annehmlichkei-
ten einer Beziehung vermissen, hielt die Trennung aber
dennoch für richtig. »Richard beklagte sich ständig, ich
würde zu viel von ihm verlangen«, begründete sie diese
Einschätzung, »aber ich finde, er hat zu viel von mir
gefordert. Zum Beispiel hat er sich immer beschwert,
dass ich überall Unordnung verbreite. Es hat ihn verrückt
gemacht, dass ich nie zum Aufräumen komme.«

Als sie zusammenkamen, fand Louise es zunächst
toll, wie Richard sich um sie kümmerte. Doch nach dem
Zusammenziehen im letzten Jahr veränderte sich einiges. »Er kam mir immer mehr wie ein Ordnungsfana-
tiker vor, nicht mehr nur stark und fürsorglich. Und ich
merkte, dass wir kaum etwas gemeinsam hatten. Er ging
nicht gern aus, so dass ich immer häufiger mit meinen
Freundinnen loszog, während er zu Hause saß und fern-
sah. Ich glaube, wir wussten beide, dass die Sache dem
Ende entgegenging.«

Dann berichtete sie mir von ihrem Freundeskreis, von
dem sie viel Zuspruch erfuhr. Es war ein kunterbunter
Haufen; die meisten kannte sie beruflich, doch mit einer
Freundin war sie schon seit der gemeinsamen Zeit an
der Schauspielschule befreundet. Mit ihren Freundinnen

hatte sie fast täglich Kontakt, ob persönlich oder per SMS. Mit einer ging sie mehrmals in der Woche zum Fitnesstraining, mit einigen anderen traf sie sich häufig in einer Bar oder zum Mittagessen. Ihre Freunde versicherten ihr immer, wie lustig es mit ihr wäre, sogar nach der Trennung, aber Louise hatte das Gefühl, dass man sie nur aufmuntern wollte. »Es kommt mir immer so vor, als müsste ich mir alle Mühe geben, lustig zu sein und alle zum Lachen zu bringen«, fügte sie hinzu, »auch wenn ich mir manchmal wünsche, ich könnte einfach mal ein bisschen entspannen.«

Das Gefühl von Unruhe und Angst hatte kurz nach dem Umzug in die eigene Wohnung eingesetzt. Seit abends niemand mehr da war, der auf einen gewissen Lebensrhythmus Wert legte, hatte Louise das Gefühl für den Tagesablauf verloren: »Ich habe irgendwann und irgendwo gegessen und bin erst ganz spät ins Bett gegangen. Wenn ich dann endlich im Bett lag, machte ich mir Sorgen und konnte ewig nicht einschlafen. So fiel es mir immer schwerer, morgens rechtzeitig aufzustehen.« Als ich sie fragte, worüber sie sich sorgte, antwortete sie: »Es kommt mir so vor, als würde mein Leben nur so dahinplätschern. Alle anderen haben Pläne, nur ich nicht.«

Louise war ganz in der Nähe ihres jetzigen Wohnorts aufgewachsen, als jüngstes von vier Kindern. Ihre zwei Brüder waren über 30, Familienväter mit Kindern und beruflich gut situiert. Louise schilderte beide als »verantwortungsbewusst und umsichtig – sie waren immer so lieb zu Sarah und mir. Aber ihr Leben wäre nichts für mich. Viel zu langweilig!« Ihre Schwester Sarah war 31 und wie die Mutter Grundschullehrerin. Sie lebte mit ihrem Freund zusammen, der ebenfalls Lehrer war. Louise zufolge wollten die beiden bald eine Familie gründen.

Ihre Eltern waren seit 40 Jahren verheiratet, und Louise beschrieb die Beziehung als »zufrieden, glaube ich«. Angeblich würden ihre Eltern sich nie streiten, aber auch »selten über etwas wirklich Wichtiges reden. Sie kommen wohl einfach miteinander klar.« Ihre Mutter hatte an einer weiterführenden Schule unterrichtet, bis sie mit dem ersten Kind schwanger wurde. Louise vermutete, dass sie sich immer eine große Familie gewünscht und ihre Rolle als Hausfrau und Mutter genossen hatte.

Ihren Vater, einen Anwalt, illustrierte sie als »freundlich, aber ziemlich distanziert. Er ist ein Gewohnheitsmensch – es muss immer alles in Ordnung sein.« Dann ergänzte sie, dass die Eltern den Söhnen gegenüber recht streng gewesen wären, bei Sarah schon nachsichtiger und »mir gegenüber wohl ein bisschen zu nett«.

Ihre Kindheit empfand Louise als »nichts Besonderes«. Als Teenager sei sie zugegebenermaßen »ziemlich wild« gewesen und hätte viel getrunken und geraucht, wobei sie glaubte, ihre Eltern hätten davon wenig mitbekommen. Sam, der jüngere der beiden Brüder, hätte sich ähnlich aufgeführt und wäre nach zahlreichen Auseinandersetzungen mit den Eltern mit 16 von zu Hause ausgezogen. »Darum war ich sehr vorsichtig«, meinte sie. »Ich hasste diese ganzen Streitereien und wollte mich nicht in die gleiche Situation bringen wie Sam. Ich war einfach noch nicht so weit.«

Louise hielt sich für eine »durchschnittliche Schülerin«, wofür sie sich nie sonderlich anstrengen musste. Auf Druck ihrer Eltern machte sie Abitur, »damit sie mich noch ein bisschen länger zu Hause beglucken konnten«. Danach hätte sie studieren sollen, setzte aber durch, dass sie sich an der Schauspielschule bewerben durfte. »Damit habe ich meine Eltern enttäuscht, aber damals war mir das egal. Ich wollte unbedingt Schauspielerin werden.« An einer der Schauspielschulen wurde sie angenommen und begann voller Hoffnung mit ihrer Ausbildung, die sie ein Jahr später abbrach. »Das war zu viel harte Arbeit«, meinte sie dazu.

Danach hatte Louise diverse Jobs angenommen, die meist in irgendeiner Form mit Schauspielerei oder dem Theater zu tun hatten. Sie gestand mir, dass sie sich leicht langweilte – »die Jobs waren immer eintöniger, als es sich anfangs angehört hatte« –, auch wenn ihre jetzige Arbeit ihr zu ihrer eigenen Überraschung selbst nach vier Jahren noch große Freude machte. Als ich mich erkundigte, wie das kam, sagte sie, dass es wohl daran läge, dass sie dort so viel Freiraum für eigene Ideen hätte. Zudem hatte sie zwei Assistentinnen, die ihr halfen, ihre Pläne umzusetzen.

Ich fragte Louise, was sie sich von der Therapie erhoffte. Darauf reagierte sie überrascht. »Sollten nicht Sie mir das sagen?«, fragte sie. »Ich hatte schon an der Schauspielschule und nach der Trennung von meinem ersten Freund jeweils ein paar Therapiestunden. Die Therapeuten haben mir gesagt, woran ich arbeiten müsste. Darum geht es doch gerade – dass mir jemand sagt, was ich tun soll. Oder nicht?« Als ich meinte, sie wäre vielleicht stärker motiviert, bei der Therapie mitzuarbeiten, wenn sie sich eigene Ziele setzte, fand sie das durchaus plausibel. Deshalb nahm sie sich als Erstes vor, mehr zu schlafen und insgesamt zur Ruhe zu kommen. Ihr zweites selbstgestecktes Ziel war, wieder zu arbeiten (ihr Arzt hatte sie einen Monat krankgeschrieben). Das dritte war, sich darüber klar zu werden, was sie wirklich vom Leben erwartete.

Louise brauchte nicht lange, um zu einem gesunden Schlafrhythmus zurückzufinden, und freute sich sehr, dass sie schon nach 14 Tagen an ihren Arbeitsplatz zurückkehren konnte. Das dritte Ziel, eine klare Ausrichtung, erwies sich jedoch als schwieriger. Nach einer Weile erkannte sie, wie sie sich sowohl bei der Arbeit als auch in ihren Beziehungen immer wieder auf bestimmte Weise in ein Abhängigkeitsverhältnis begab. Ihr wurde klar, dass sie gern anderen die Planung und die Zielsetzung überließ. Und wenn dieser Lebensweg, die Pläne oder was auch immer ihr dann irgendwann nicht mehr passten, schob sie ihrem Partner oder ihrem Arbeitsplatz die Schuld an ihrer Unzufriedenheit zu, anstatt selbst Verantwortung zu übernehmen.

An diesem Punkt merkte Louise, warum ihre gegenwärtige Arbeit ihr so gut gefiel und ihr ständig neue, interessante Herausforderungen bot. Zum ersten Mal in ihrem Leben bekleidete sie einen Posten, der sie dazu zwang, sich mit der Zukunft auseinanderzusetzen. Dabei hatte sie entdeckt, dass dieses Planen und das Festlegen von Zielen ihr wirklich gefiel. Diese Erkenntnis gab ihr Auftrieb, und bald redete sie deutlich konkreter darüber, wie sie ihren Job weiterentwickeln könnte. Louise begriff auch, dass sie zwar gern am Theater bleiben wollte, aber lieber im Hintergrund die Fäden zog, als selbst aufzutreten. »Wenn ich früher sagte, ich würde Theater studieren, gingen alle davon aus, ich wollte Schauspielerin werden. Deshalb dachte ich das auch! Ich habe die anderen für mich denken lassen!«

Was wir aus Louises Erfahrungen lernen können

Im Laufe ihrer Therapie lernte Louise, ihre Eigenschaften als Jüngste, insbesondere ihre Kontaktfreude und ihre Risikobereitschaft und die Lust am Ausprobieren, zu ihrem Vorteil zu nutzen. Als unsere gemeinsame Arbeit beendet war, verriet sie mir, dass die ihr vertraute »Lust, mich zu amüsieren«, zurückkehrte. Auch wenn sie definitiv noch nicht für eine neue Beziehung bereit wäre, würde sie sich schon wieder auf Verabredungen einlassen. Anstatt jedoch nur darüber nachzudenken, wie jemand ihre eigenen Bedürfnisse erfüllen könnte, fragte sie sich nun auch, was sie selbst in eine mögliche Beziehung einbringen könnte und ob sie und ihr jeweiliges Gegenüber irgendwelche gemeinsamen Interessen hätten. Sie sagte mir, wie gut es ihr täte, sich »gleichberechtigt zu fühlen – wie eine Partnerin, nicht wie ein kleines Kind. Endlich habe ich das Gefühl, dass ich erwachsen werde und meinen eigenen Weg vor mir sehe.« Louise brauchte sich nicht mehr hilfsbedürftig vorzukommen, denn nun genoss sie ihr Leben als gleichwertige Erwachsene. Sie hatte sich etliche positive Eigenschaften einer Jüngsten erhalten (zum Beispiel Geselligkeit und Kreativität), hatte aber zugleich gelernt, Verantwortung zu übernehmen und es nicht mehr anderen Menschen zu überlassen, ihr Leben in Ordnung zu bringen.

Fallstudie: Steve

Es war nicht der Autounfall an sich, der Steve veranlasste, eine Therapie zu machen. Nach einem Frontalzusammenstoß, bei dem sein Kollege, der Fahrer des Wagens, ums Leben gekommen war, während er selbst mit einer schweren Gehirnerschütterung und zwei gebrochenen Beinen überlebte, hatte er an einer posttraumatischen Störung gelitten. Diese Störung war jedoch noch im Krankenhaus behandelt worden, und inzwischen waren sowohl die Flashbacks als auch die furchtbaren Albträume, aus denen Steve hochgeschreckt war, Vergangenheit.

Steve suchte mich auf, weil er trotz der körperlichen Genesung nach dem Unfall und obwohl er schon seit zwei Monaten wieder arbeitete, nach wie vor mit Ängsten und Depressionen kämpfte. Es ging ihm so schlecht, dass er sogar Selbstmordgedanken hatte. Die unangenehmen Gefühle verschlimmerten sich, wann immer er an seinen toten Kollegen dachte – schließlich hatte Steve das Gefühl, er müsse dankbar sein, dass er noch am Leben war. Zudem machten die Selbstmordgedanken ihm Angst, weil er wusste, wie irrational sie waren. Schließlich wusste er ja, dass er nicht sterben wollte.

Als Grund für seine Hoffnungslosigkeit und Verzweiflung gab Steve die chronischen Rückenschmerzen an, die nach dem Unfall zurückgeblieben waren. Sie schienen wie aus dem Nichts einzusetzen – nach etlichen beschwerdefreien Tagen wachte er auf und litt Höllenqualen. Er arbeitete als Koch, so dass er tagsüber ständig auf den Beinen war, doch an den Tagen, an denen er Rückenschmerzen hatte, konnte er seine Schicht kaum durchstehen. Sein Arzt hatte ihn schon zu verschiedenen Fachärzten geschickt, einschließlich eines Schmerzspezialisten, doch keiner hatte die Ursache finden können. Jetzt fühlte Steve sich hilflos und im Stich gelassen. Der Arzt hatte ihm Antidepressiva verordnet, die Steves Ängste gelindert und seine Gedanken an Selbsttötung abgeschwächt hatten. Dennoch wusste er, dass die Depression nach wie vor anhielt.

Steve war das jüngste von drei Kindern und hatte zwei Schwestern, die sechs und acht Jahre älter waren als er. Ein drittes Kind war nicht geplant gewesen, aber seine Eltern hatten sich sehr gefreut, als sie erfuhren, dass Steves Mutter erneut schwanger war. Noch größer war die Freude, als sich herausstellte, dass es der ersehnte Sohn war. Steve wurde von Eltern und Schwestern verhätschelt.

Schon früh hatte er sich für den Beruf des Kochs entschieden. Anfangs waren seine Eltern davon wenig begeistert gewesen, denn sowohl sie als auch beide Schwestern hatten ein Studium absolviert. Doch wie üblich durfte Steve tun, was er wollte. Er machte eine Kochlehre, bei der sich herausstellte, wie talentiert er war. Trotz häufiger Stellenwechsel (zum Zeitpunkt des Unfalls war er 38 Jahre alt) war er nie arbeitslos gewesen. Aufgrund seines Talents und seiner Bereitschaft, hart zu arbeiten, genoss er unter seinen Kollegen Anerkennung und Respekt.

Steve hatte diverse Freundinnen gehabt. Seine längste Beziehung, die noch andauerte, als er mich aufsuchte, hatte vier Jahre gehalten. Seine Freundin Amanda hatte ihn nach dem Unfall und während der langen Rekonvaleszenz »total unterstützt«. Amanda arbeitete in einer Bank. Sie hatten keine Kinder und wollten auch keine Familie gründen.

Im Laufe unserer gemeinsamen Arbeit setzte sich Steve zwei Ziele. Er wollte herausfinden, was seine Schmerzen auslöste, damit er das Leben wieder als berechenbar empfinden konnte, und er wollte Strategien entwickeln, mit dem Schmerz fertigzuwerden, wenn dieser wieder zuschlug. Wir begannen mit einem Entwurf für ein Tagebuch, in dem Steve nicht nur die Begleitumstände bei Schmerzattacken eintragen konnte, sondern auch die Umstände, unter denen es ihm ausgesprochen gut ging. Er reagierte überrascht – und bei näherer Betrachtung auch erfreut –, als ich ihn bat, nicht nur die schmerzhaften, sondern auch die beschwerdefreien Zeiten zu berücksichtigen. Bedingt durch seine Depressionen dachte er im Grunde nur noch an die Schmerzen.

Ganz offensichtlich erwartete Steve von mir, dass ich dieses Tagebuch entwickeln würde, und als ich darauf bestand, dass er die verschiedenen Faktoren auswählen sollte, die darin zu berücksichtigen wären, begehrte er auf. »Ich dachte, es wäre Ihre Aufgabe, mich in Ordnung zu bringen«, beschwerte er sich. So reagierte er auch bei Diskussionen über seine Erwartungen an andere Menschen, die sich seiner Meinung nach um ihn kümmern sollten. Ihm war nie klar gewesen, wie sehr er sich darauf verließ, dass andere – besonders Frauen – ihm das

Leben erleichterten. Andererseits war ihm bewusst, wie hart er arbeiten konnte und dass er (nach seinem Unfall) auch mit Schmerzen fertig wurde. Schon bald fand er Gefallen daran, seine Tagebücher weiter auszuarbeiten, und wurde zunehmend stolz darauf, wie er mit Widrigkeiten umging. Sein Schmerztagebuch gab etliche Hinweise auf vermeidbare Auslöser für seine Schmerzattacken, und damit hatte er wieder stärker das Gefühl, sein Leben in der Hand zu haben.

Parallel zu dem Bemühen, seine Schmerzen besser vorhersagen zu können, schlug ich Steve vor, an einer Schmerzklinik einen Meditationskurs zu belegen, damit er die Schmerzen leichter ertragen konnte, wenn sie doch wieder zuschlugen. Die dort vermittelten Techniken empfand er als sehr hilfreich.

Am Ende unserer zehn Sitzungen berichtete Steve, dass er deutlich gelassener und glücklicher war. Mit seinen Schmerzen kam er viel besser zurecht, und er war besser in der Lage, ihr Nahen vorherzusehen. Aus den Tagebucheinträgen hatte Steve verschiedene Methoden abgeleitet, die ein Auftreten der Schmerzen weniger wahrscheinlich machten, und die Attacken hatten tatsächlich abgenommen. Die Arbeit konnte er gut bewältigen und genoss es wieder, in der Küche zu stehen. Auch seine Beziehung hatte offenbar von der Behandlung profitiert: Amanda hatte ihm gesagt, dass er mehr Bereitschaft zeigte, sich um sie zu kümmern, anstatt zu erwarten, dass sie sich um ihn kümmerte. Seiner Aussage nach hatte er gar nicht gemerkt, wie selbstsüchtig er geworden war, und freute sich, dass ihm diese Neigung jetzt bewusst war. Zudem hatte er bisher gar nicht geahnt, wie angenehm es sein konnte, anderen eine Freude zu machen, anstatt immer zu erwarten, dass sie ihm entgegenkamen.

Was wir aus Steves Erfahrungen lernen können

Steve war in mehrfacher Hinsicht ein echtes Nesthäkchen. Er hatte immer viel von anderen Menschen erwartet, so dass er leicht zu enttäuschen war. Infolge seines Unfalls hatte er aber gelernt, dass er durchaus in der Lage war, für sich selbst zu sorgen, und er war zunehmend stolz darauf, wie gut ihm das gelang. Zudem lernte er, eine echte Stärke der Jüngsten einzusetzen, nämlich seine Kreativität und Innovationsbereitschaft, um Schmerzattacken vorherzusagen und zu beherrschen.

Nesthäkchen – kurz und knapp

Hier folgt eine Zusammenfassung der besonders typischen Eigenschaften der Jüngsten in der Familie:

- Charmant und kontaktfreudig; stehen sehr gern im Mittelpunkt der allgemeinen Aufmerksamkeit.

- Gewisse Tendenz, andere Menschen zu manipulieren.
- Häufig desorganisiert und weniger zielstrebig als andere.
- Kreativ und innovativ; gehen lieber eigene Wege, als übliche Ansichten zu übernehmen.
- Rebellisch und aufmüpfig gegenüber Autoritäten.
- Risikobereit.
- Anfällig für Selbstzweifel, ein geringes Selbstwertgefühl und Minderwertigkeitskomplexe.
- Leicht enttäuscht von anderen Menschen, fühlen sich schnell im Stich gelassen.

Im folgenden Kapitel beschäftigen wir uns mit der letzten der vier Hauptpositionen in der Familie, den Einzelkindern.

4. Einzelkinder

Von allen Geburtspositionen hat sich der Platz des Einzelkinds in den letzten Jahren am meisten verändert.

Früher galt es als ungewöhnlich und in bestimmten Kreisen sogar als inakzeptabel, freiwillig nur ein einziges Kind zu bekommen. Einzelkindern wurde nachgesagt, sich nicht anpassen zu können, komisch oder exzentrisch zu sein, und sie wurden oft gehänselt oder gepiesackt.

Heutzutage ist dies anders – die Situation der Einzelkinder hat sich glücklicherweise in vieler Hinsicht zum Guten verändert. Der Grund dafür liegt in der Weiterentwicklung unserer Gesellschaft, und zwar nicht nur in Hinsicht auf ein neues Familienkonzept, sondern auch in Bezug auf die größere Freiheit, die Frauen in der heutigen Gesellschaft genießen.

Frauen haben heute mehr Einfluss darauf, wann und wie viele Kinder sie bekommen, als je zuvor in der Geschichte der Menschheit. Sie sind in der Lage, ihre Mutterrolle als einen Aspekt des Erwachsenenlebens zu wählen und sie nicht mehr als äußeren Einfluss zu sehen, dem sich alle anderen Pläne und Träume unterzuordnen haben. Zahlreiche Frauen entscheiden sich dafür, weniger Kinder zu bekommen.

Ein-Kind-Familien werden immer häufiger, so dass viele negative Eigenschaften, die traditionell mit der Einzelkindrolle verbunden waren – insbesondere die Schwierigkeiten im Umgang mit Gleichaltrigen und das allgemeine Gefühl, einsam und missverstanden zu sein –, nicht mehr unausweichlich sind. Auch hier sieht man, dass viele Eigenschaften, die einem bestimmen Platz in der Geschwisterreihe zugeschrieben werden, durch den Zeitgeist (und natürlich auch durch die entsprechenden Individuen selbst) beeinflusst werden. In diesem Fall hatte das negative Bild, das von Einzelkindern gezeichnet wurde, mehr mit allgemeinen Vorurteilen und Einstellungen zu tun, als mit der Geburtsposition *per se*.

Das familiäre Umfeld

Die Tatsache, dass kleine Familien immer häufiger werden, ist keineswegs der einzige Grund, warum junge Erwachsene, die als Einzelkind aufgewachsen sind, heute in der Regel glücklicher und besser angepasst sind als die vorherige Generation. Ein zweiter wichtiger Grund ist, dass die eigenen Eltern wahrscheinlich *absichtlich* nur ein Kind bekommen haben. Die Eltern waren mit dieser Situation vielfach glücklich und zufrieden, so dass heutige Einzelkinder in einer viel gesünderen Atmosphäre und mit positiveren Vorbildern aufgewachsen sind.

Darüber hinaus wissen Eltern heutzutage insgesamt mehr über die Bedürfnisse von Kindern in verschiedenen Altersgruppen und darüber, wie wichtig es ist, ihnen soziale Fähigkeiten zu vermitteln. Viele geben sich daher große Mühe, dafür zu sorgen, dass ihr Kind regelmäßig mit Gleichaltrigen zusammenkommt. Daher sind Begriffe wie »einsam« oder »sozial isoliert« für die meisten Einzelkinder kein Thema mehr.

Welche Beschreibungen passen also heute zu dieser Position in der Familie? Wodurch zeichnen sich Menschen, die ohne Geschwister aufgewachsen sind, am ehesten aus?

Auf den Kontext kommt es an

Ehe wir versuchen, die typischen Eigenschaften von Einzelkindern einzugrenzen, sollten wir uns überlegen, warum die jeweilige Familie so ist, wie sie ist. An dieser Stelle lautet die Frage: *Warum* ist das Einzelkind das einzige Kind in der Familie?

Wenn die Eltern eines Einzelkindes sich im Grunde eine große Familie wünschten und eventuell Schwierigkeiten hatten, überhaupt ein Kind zu bekommen, wird dieses eine Kind häufig übermäßig beschützt und reagiert später oft fordernd, ängstlich und verwöhnt. Unter solchen Umständen ähnelt es charakterlich am ehesten einem Jüngsten, dessen Eltern ihr »Kleines« nicht verlieren wollen (siehe Kapitel 3, *Nesthäkchen*). In beiden Fällen erscheint dieser Mensch später meist unglücklich, ständig unzufrieden und fordernd; er erwartet, dass andere alles für ihn erledigen.

Manche Eltern wollten jedoch von Anfang an nur ein Kind oder waren, nachdem sie merkten, dass dieses Kind ihr einziges bleiben würde, durchaus froh über diese Situation. Unter solchen Umständen wird das Kind, das sie erziehen, mit an Sicherheit grenzender Wahrscheinlichkeit die meisten positiven Eigenschaften aufweisen, die für diese Geburtsposition typisch sind (siehe unten).

Deshalb ist es so wichtig, die Zusammenhänge im Blick zu behalten, wenn es um die Eigenheiten dieser (oder jeder anderen) Geburtsposition geht.

Typische Eigenschaften von Einzelkindern

Einzelkinder weisen in der Regel die folgenden Eigenschaften auf:

Einzelkinder haben ein besonders gutes Ausdrucksvermögen und erbringen gute schulische Leistungen

Einzelkinder tun sich wie Erstgeborene häufig durch gute Schulleistungen hervor, weil sie sich einerseits klar verständlich machen können und andererseits schon sehr früh Geschick im Umgang mit Erwachsenen entwickelt haben. Schließlich durchlaufen Kinder mit dieser Geburtsposition in der frühen Kindheit jeweils eine Phase, in der sie die exklusive Aufmerksamkeit der Eltern genießen und durch den engen Kontakt zu Erwachsenen sprachlich optimal gefördert werden.

Andererseits geht diese Exklusivität nie verloren – Einzelkinder brauchen nicht zu lernen, wie man die elterliche Sorge und Aufmerksamkeit teilt; vielmehr genießen sie diese Privilegien die ganze Schullaufbahn hindurch. Das bedeutet, dass sie von Ängsten und Eifersucht verschont bleiben, die Aufmerksamkeit und Gedächtnis beeinträchtigen können, während sie lernen, was die Eltern ihnen beibringen wollen.

Deshalb haben Einzelkinder nicht nur ausgezeichnete Lernbedingungen, in denen sie ihre Kommunikationsfähigkeiten schärfen können, sondern dürfen diesen Vorteil auch endlos lange auskosten.

Einzelkinder sind meist sehr selbstbewusst

Sofern die Eltern sich nicht trennen oder ein Elternteil verstirbt, ist es unwahrscheinlich, dass Einzelkinder die liebevolle, exklusive Aufmerksamkeit seitens der Eltern einbüßen. Ganz im Gegenteil: Oft werden sie fast unaufhörlich mit Liebe und Bestätigung überschüttet. Wenn Eltern sich bewusst für nur ein Kind entscheiden, konzentrieren sie zumeist sehr viel Energie auf dieses Kind. Davon profitieren Einzelkinder – wer sich sicher sein kann, dass er geliebt wird, und positive Zuwendung genießt, wann immer er sie benötigt, entwickelt ein gesundes Selbstbewusstsein.

Natürlich kann in diesem Zusammenhang aber auch einiges schieflaufen, genau wie bei einem Nesthäkchen. Wenn Eltern ihr Kind zu Unrecht loben oder nicht darauf achten, seine Anstrengungen mehr hervorzuheben als seine Leistungen (siehe Seite 98 f., Kapitel 3, *Nesthäkchen*, und Seite 168 f.), fühlt sich das Kind möglicherweise unter Druck gesetzt, überbeschützt, oder – was das Schlimmste wäre – es zweifelt an den Fähigkeiten oder der Ehrlichkeit der Eltern. Kinder, die mit Aufmerksamkeit überschüttet werden,

haben leicht das Gefühl, unter einer Glasglocke fest-
zusitzen – als würden sie ihr Leben mehr für die Eltern führen als für sich selbst. Meiner persönlichen
Erfahrung nach finden die meisten Eltern von Einzelkindern jedoch einen Mittelweg und ziehen selbst-
sichere, mutige Kinder groß.

Einzelkinder bevorzugen Ältere und identifizieren sich gern mit ihnen

Wer in einer Erwachsenenwelt aufwächst, findet es
selbstverständlich, die Gesellschaft und Zustimmung
derer zu suchen, die älter und reifer sind. Schließlich
wurde dieses Verhalten von klein auf eingeübt.

Auch Einzelkinder freunden sich gern mit Älteren
an, allerdings haben sie dafür ganz spezielle Gründe.
Erstgeborene und Einzelkinder orientieren sich gleichermaßen an Autoritätspersonen, weil beide sich
nach Lob und Anerkennung sehnen. Bei den Erstgeborenen ist dies in der Regel der Hauptbeweggrund.
Einzelkinder hingegen hungern weniger nach Anerkennung, denn davon haben sie schon während des
Heranwachsens reichlich bekommen. Sie wählen die
Gesellschaft Älterer, weil sie sich bei ihnen einfach
wohler fühlen.

Einzelkinder können sich sehr gut selbst beschäftigen und verbringen viel Zeit allein

Das ist wenig überraschend, aber dennoch erwähnenswert, weil es Einzelkinder von Menschen mit anderen Geburtspositionen abhebt. Natürlich wird es auch älteste, mittlere und jüngste Kinder geben, die gern Zeit mit sich allein verbringen; das sind dann die Introvertierten, mit denen wir uns in Kapitel 9 beschäftigen werden. Es sind jedoch im Verhältnis weniger.

Außerdem sind Einzelkinder es nicht nur gewohnt, für sich zu sein, sondern sie genießen diese Zeit wahrscheinlich auch. Sie neigen weniger als andere Menschen zu Ängsten, wenn niemand anders da ist, und fühlen sich seltener einsam. Sie sind es viel mehr gewohnt, sich auch allein um Beschäftigung und Unterhaltung zu kümmern, als Menschen, bei denen die Brüder und Schwestern ständig für Abwechslung und Ablenkungen sorgten.

Einzelkinder denken logisch und strategisch

Erwachsene wie Kinder erleben und begreifen die Welt sowohl über den Verstand (Logik) als auch über Gefühle (Emotionen). Der Unterschied besteht darin, dass sich Erwachsene im Gegensatz zu Kindern regelmäßig in Situationen befinden, in denen sie sich einigermaßen logisch verhalten sollen. Deshalb haben die meisten Erwachsenen gelernt, ihre emotionale Seite zu unterdrücken und rechtzeitig zu erkennen, wann ein solches Verhalten von ihnen erwartet wird.

Einzelkinder, die sich in erster Linie unter Erwachsenen bewegen, rechnen bei Begegnungen mit anderen Menschen eher mit logischen Reaktionen. Sie mussten nie mit den Wutausbrüchen ihrer Geschwister fertigwerden oder sahen sich wiederholt gezwungen, jegliche Logik über den Haufen zu werfen, um voller Eifersucht mit ihnen zu streiten. Ohne Konkurrenten, welche die Gefühle in Wallung bringen, ist es nicht notwendig, unlogisch vorzugehen, um zu erreichen, was wir wollen. Damit bestehen ausgezeichnete Entwicklungsbedingungen für intelligente, logische Problemlösungsstrategien.

Ebenso gut sind Einzelkinder meist auch in vorausschauender Planung, im Schreiben von Listen und in Selbstorganisation. Deshalb gelten sie bei Gruppenaktivitäten sehr oft als »die Zuverlässigen«, so dass man ihnen – wie den Erstgeborenen – gern Verantwortung überträgt. Solche Gelegenheiten gestatten wiederum, dass sie ihr Planungs- und Organisationstalent weiter ausbauen.

Es gibt noch eine weitere interessante Parallele zu Erstgeborenen. Beide Geburtspositionen verhalten sich gern verantwortungsbewusst und verlässlich, wahrscheinlich weil sie dieses Verhalten von klein auf bei ihren Eltern beobachtet und dann übernommen haben. Erstgeborene möchten sich mit diesem Benehmen in erster Linie die Anerkennung der anderen sichern. Einzelkinder legen ebenfalls Wert auf Anerkennung, aber nicht im gleichen Ausmaß – schließlich haben sie nie miterlebt, wie sich die Eltern plötzlich auf ein neu hinzugekommenes Kind konzentrierten, und wissen daher nicht, wie es sich anfühlt, wenn man sich verzweifelt darum bemüht, wieder beachtet zu werden. Ein Einzelkind hat sich an Verantwortung und Zuverlässigkeit schlichtweg gewöhnt.

Damit scheinen die Einzelkinder von heute das große Los gezogen zu haben. Was für eine glänzende Aufzählung positiver Eigenschaften! Die einst (meiner Meinung nach) am wenigsten erstrebenswerte Familienposition des Einzelkinds zählt inzwischen zu der am meisten beneideten (neben dem Nesthäkchen). Einzelkinder bekommen jede Menge elterlicher Zuwendung und Aufmerksamkeit, und ihre Position wird nie in Frage gestellt. Deshalb können heutige Einzelkinder meist ausgezeichnete schulische Leistungen vorweisen, sind wahrscheinlich recht selbstbewusst und gern einmal mit sich allein. Darüber hinaus leiden sie seltener an Ängsten und Eifersucht als Menschen, die in größeren Familien aufwuchsen.

Gibt es demnach überhaupt noch eine Schattenseite an dieser Geburtsposition? Aus meiner Sicht kann ich diese Frage bejahen und Einzelkindern drei weniger wünschenswerte Eigenschaften zuschreiben.

Einzelkinder fühlen sich unter Gleichaltrigen oftmals unwohl oder »missverstanden«

Obwohl sich die Eltern von Einzelkindern für gewöhnlich große Mühe geben, ihrem Kind reichlich Gelegenheit zu verschaffen, mit anderen Kindern zusammenzukommen, sind diese Begegnungen doch relativ eng umschrieben. Zumeist werden solche Aktivitäten von Erwachsenen geplant und überwacht und sind zudem zeitlich begrenzt – zumindest, solange die Kinder noch klein sind. Das heißt, dass mangels Gelegenheit nicht gelernt wurde, wie man sich ohne einen Erwachsenen im Hintergrund, der notfalls eingreifen kann, sein eigenes »Territorium« sichert. Dies betrifft insbesondere diplomatische Fähigkeiten und Kompromisse beim Teilen von Spielzeug und begrenztem Raum.

Wer mit Geschwistern aufgewachsen ist, muss lernen, schnell nachzudenken, die Wünsche und Absichten anderer richtig einzuschätzen (und dieses Wissen zum eigenen Vorteil zu nutzen) und an dem festzuhalten, was man für richtig erachtet oder verdient zu haben glaubt – ohne die Hilfe der Erwachsenen. Mit solchen Gelegenheiten, Alltagsfähigkeiten zu entwickeln, werden Einzelkinder häufig gar nicht oder deutlich seltener konfrontiert. Sie neigen verstärkt zu Verhaltensweisen, die zu Missverständnissen führen. Und selbst wenn es nicht dazu kommt, teilen Einzelkinder mir häufig mit, dass sie eine gewisse Distanz zwischen sich und Menschen ihrer Altersgruppe wahrnehmen und nicht recht wissen, wie sie sich in eine Gruppe eingliedern sollen.

Einzelkinder zeigen einen starken Hang zum Perfektionismus

Eine praktische Ader, Klugheit und der Wunsch, alles so gut wie möglich zu machen, sind positive Eigenschaften. Allerdings sollte man auch wissen, wann und wo es sinnvoll ist, die Dinge ein wenig entspannter anzugehen. Ohne diesen Ausgleich drohen schlimmstenfalls ein Burn-out oder andere Erkrankungen, die aus anhaltendem Stress resultieren.

Es ist ganz natürlich, dass sich Kinder und Heranwachsende mit den Menschen in ihrer Umgebung vergleichen. Da Einzelkinder in den ersten Jahren für gewöhnlich in erster Linie von sie bewundernden und ermunternden Erwachsenen umgeben sind, richten sie ihre Maßstäbe an diesen aus. Das bedeutet, dass die Ambitionen fast immer hoch gesteckt sind und das Einzelkind viel von sich erwartet.

Einzelkinder kommen mit Unwägbarkeiten schlecht zurecht

In größeren Familien ist immer jemand da, der versehentlich das sorgfältig errichtete Bauwerk eines anderen umstößt oder das Lieblingsspiel auf dem Computer löscht. Deshalb haben alle Familienmitglieder hier reichlich Gelegenheit herauszufinden, was zu tun ist, wenn etwas schiefgeht. Bei Einzelkindern ist dies nicht der Fall. Wenn bei ihnen etwas nicht nach Plan lief, war normalerweise rasch ein Erwachsener zur Hand, der die Sache in die Hand nahm. Einzelkinder haben meist wenig bis gar keine Erfahrung darin, mit Chaos und Verwirrung fertigzuwerden, insbesondere wenn beides länger anhält.

Es bedeutet aber auch, dass sie nach außen hin leicht ungeduldig oder fordernd erscheinen, wenn nicht alles wie erwartet verläuft. Von den Einzelkindern selbst habe ich allerdings gehört, dass sie gar nicht wirklich ungeduldig sind, sondern vielmehr besorgt und etwas ängstlich. Sie fürchten Kontrollverlust und Unberechenbarkeit, weil sie beides nicht gewohnt sind. Einzelkinder wollen nicht, dass die Dinge »außer Kontrolle geraten«. Deshalb neigen sie meiner Erfahrung nach mehr als andere zu Zwanghaftigkeit – ob zu zwanghaftem Ordnungswahn oder anderen Zwängen. Die Einzelkinder, mit denen ich gearbeitet habe, sprechen häufig davon, wie unangenehm, ja, erschreckend es für sie ist, wenn etwas unklar ist oder wenn sie nicht vorhersagen und verstehen können, was um sie herum geschieht.

Ältere Einzelkinder

In diesem Kapitel beziehe ich mich durchweg auf Einzelkinder von heute – jene, die nach 1961 geboren wurden, dem Jahr, in dem in Großbritannien die Anti-Baby-Pille zugelassen wurde. Seitdem konnten Frauen erstmals zuverlässig entscheiden, wie viele Kinder sie haben wollten, und bis zu einem gewissen Grad auch den Zeitpunkt dafür.

Aber was ist, wenn Sie vor dieser Wahlmöglichkeit zur Welt kamen? Unterscheidet sich das Profil Ihrer Familienposition wirklich so sehr von den später Geborenen?

Alle Einzelkinder haben Kindern aus größeren Familien einiges voraus, unabhängig davon, ob ihre Eltern bewusst nur ein Kind wollten oder dies eben einfach so war. Als Einzelkind hat man im Vergleich immer mehr Zeit in Gesellschaft von Erwachsenen verbracht, von Anfang an eine komplexere, bessere Sprache gehört und einen verhältnismäßig größeren Anteil an den finanziellen Mitteln der Familie genossen. Letzteres könnte bedeuten, dass mehr außerschulische Aktivitäten und Reisen möglich waren. Wegen solcher bereichernder Erlebnisse bestanden auch bessere Aussichten auf schulische Erfolge.

Einzelkinder wuchsen zumeist auch in einem geordneteren Umfeld auf. Das heißt wiederum, dass sie wahrscheinlich besser organisiert, ordnungsliebender und perfektionistischer sind – auch dies gilt für Einzelkinder vor und nach Einführung der Anti-Baby-Pille gleichermaßen, genau wie die Tendenz, sich eher mit Älteren zu identifizieren und sich gut selbst beschäftigen zu können.

Bis hierhin gleichen sich die Jüngeren und die Älteren. Alle, die vor 1961 geboren wurden, weisen jedoch häufig noch zwei bedeutsame Wesenszüge auf: Erstens fiel es ihnen vermutlich schwerer, sich mit Gleichaltrigen anzufreunden, und zweitens waren sie in vielen Fällen weniger selbstsicher als jüngere Einzelkinder – zumindest während Kindheit und Jugend. Woran liegt das?

Früher wurden die Eltern von Einzelkindern weniger dazu ermuntert, ihr Kind mit Gleichaltrigen zusammenzubringen, so dass ältere Einzelkinder weniger Gelegenheiten hatten, soziale Fähigkeiten zu entwickeln. Außerdem war es den Eltern von Einzelkindern früher oft unangenehm, andere Familien zu treffen, weil sie fürchteten, als Außenseiter zu gelten. Einzelkinder wuchsen bei Eltern auf, die besorgter waren als moderne Einzelkindeltern, die sich nicht mehr so ungewöhnlich vorkommen.

Da jedoch alle Einzelkinder eher logisch, praktisch und halbwegs selbstgenügsam veranlagt sind, haben ältere Einzelkinder in der Regel Wege gefunden, ihre mangelnde Sozialkompetenz auszugleichen. Viele sind im Bereich ihrer Hobbys und Interessen zu Experten geworden und haben über diese Aktivitäten Gleichgesinnte kennen gelernt, die vielleicht gute Freunde wurden. Deshalb dürfte sich der Unterschied auch bei denjenigen unter Ihnen, die in ihrer Jugend vielleicht weniger selbstbewusst waren als die Einzelkinder von heute, mit zunehmendem Alter, größerer Reife und Erfahrung allmählich abgeschliffen haben.

Partnerwahl für Einzelkinder

Eine Umfrage aus den USA deutet darauf hin, dass die optimale Kombination aus einem Einzelkind und einem Nesthäkchen zu bestehen scheint. Einzelkinder lieben die unkonventionellen Ansichten der jüngsten Geschwister, die ihre Abenteuerlust in die Beziehung einbringen. Gleichzeitig profitieren Jüngste vom Organisationstalent und dem Verantwortungsbewusstsein des Einzelkinds, welches das Kommando übernimmt und darauf achtet, dass Termine eingehalten und die praktischen Dinge des Lebens bewältigt werden.

Auch mit Menschen aus der Sandwichposition kommen Einzelkinder recht gut klar. In der Regel wird das Einzelkind die Führung für sich beanspruchen und alle wichtigen Entscheidungen treffen, während das kooperative Mittelkind den Partner oder die Partnerin bereitwillig planen lässt, in welche Richtung die Beziehung sich entwickeln sollte.

Diese Beziehung kann jedoch auch Schattenseiten haben. Ein Sandwichkind, das sich mit einem Einzelkind zusammentut, fühlt sich mitunter in den Schatten gestellt und zu stark gelenkt, auch wenn es vermutlich nicht begreift, warum es diese Gefühle hegt. Das kann beim Mittleren zu Niedergeschlagenheit oder gar Depressionen führen. Deshalb sollten solche Paare bewusst darauf achten, regelmäßig miteinander über ihre Pläne und Vorstellungen zu sprechen, damit sie sicher sind, dass das, was geschieht, für beide Partner stimmig ist.

Die schwierigste Beziehung dürfte jene zwischen zwei Einzelkindern sein: Beide Partner haben relativ wenig Erfahrung damit, mit Gleichrangigen gut auszukommen und die emotionalen Signale anderer

zu verstehen. Damit wächst die Gefahr von Missverständnissen. Zudem wollen beide die Verantwortung übernehmen, und es dürfte ihnen gleichermaßen
schwerfallen, sich dem anderen unterzuordnen. Wenn
beide Partner zu Perfektionismus neigen, setzen sich
außerdem beide stark unter Druck, weil niemand da
ist, der auf die Bremse tritt und auf ausreichend Pausen und Erholungsphasen achtet.

Auch mit Erstgeborenen vertragen sich Einzelkinder nicht unbedingt. Die Gründe dafür entsprechen weitgehend den eben beschriebenen Problemen
zwischen zwei Einzelkindern. Obwohl ein ältester
Bruder oder eine älteste Schwester aufgrund der sozialen Kompetenz sicher erkennt, was der Partner –
auch emotional – benötigt, sind die Ältesten konkur-
renzbewusst und werden mit dem Einzelkind um die
Führungsposition in der Beziehung rivalisieren. Das
könnte bedeuten, dass aus einem anfänglichen Mangel an Klarheit mit der Zeit eine unangenehme Wett-
bewerbssituation entsteht. Falls diese Situation auf
Sie zutrifft, kann es hilfreich sein, wenn beide Partner
sich außerhalb der Beziehung ein lohnendes Betäti-
gungsfeld suchen, um den Konkurrenzdruck unterei-
nander abzufedern. Es könnte auch sinnvoll sein, die
Aufgaben im Haushalt zu verteilen, anstatt vieles gemeinsam zu regeln.

Ich habe bereits an anderer Stelle betont, dass *alle*
Paare, die sich lieben, zusammenarbeiten und eine

erfüllende Beziehung gestalten können, wenn sie einander respektieren und bereit sind, sich Mühe zu geben. Eine Beziehung, in der sich zwei Partner ergänzen (Einzelkind plus Nesthäkchen oder Sandwichkind), hat mehr Aussicht auf Harmonie als eine Beziehung mit viel Konkurrenzdenken (zwei Einzelkinder oder Einzelkind plus Erstgeborener).

Der richtige Beruf für Einzelkinder

Als Einzelkind werden Sie wissen, dass Sie auf sich allein gestellt die besten Leistungen erzielen. Wenn Sie sich jedoch in ein Team einfügen müssen oder wollen, übernehmen Sie am liebsten selbst die Leitung der Abteilung oder Gruppe.

Da Einzelkinder sich gut selbst motivieren können, brauchen sie keine Hilfe von außen, um Zeitpläne zu erstellen und einzuhalten. Zudem ist ihr Erfolgsstreben weniger von Konkurrenzgedanken geprägt (sie möchten höchstens sich selbst etwas beweisen), so dass sie weniger gestresst sind als zum Beispiel ein Erstgeborener, der allein arbeitet und seine Termine einhalten muss. Einzelkindern fällt es relativ leicht, ihre Arbeit zu erledigen, ohne sich ständig mit anderen zu vergleichen. Weil sie die Anerkennung genießen, die mit dem eigenen Können einhergeht, sind sie am glücklichsten, wenn das, was sie gut können, als ihre persönliche Leistung erkennbar ist, damit sie auch die Lorbeeren dafür ernten.

Ein Einzelkind, das lieber allein arbeitet, sollte jedoch zwei gefährliche Fallstricke im Blick behalten. Der erste ist der Hang zum Perfektionismus. Perfektionisten setzen sich leicht unrealistisch hohe Standards, und dann ist niemand da, der ihnen dies sagt. Deshalb könnten sie sich unnötig dabei aufreiben, viel mehr zu tun, als tatsächlich nötig oder für sie persönlich gut ist.

Ein zweites Problem könnte sich ergeben, wenn sie ihre Produkte oder Dienste direkt vermarkten müssen. Da sie wenig Übung darin haben, die Wünsche und Beweggründe anderer Menschen zu erfassen, wissen sie vielleicht nicht, wie sie ihr Angebot am überzeugendsten präsentieren sollen. Im Hinblick darauf sollten sie am besten ein Mittelkind oder ein Nesthäkchen zu Rate ziehen oder sich ausführlich damit auseinandersetzen, mehr über die optimale Vermarktung ihres Produkts oder ihrer Dienstleistung zu lernen.

Berühmte Einzelkinder

Leonardo da Vinci
Erich Kästner
Franklin D. Roosevelt
Tiger Woods

Fallstudie: Alex

Alex beeindruckte jeden, der ihm zum ersten Mal begegnete. Er war groß, sportlich, immer schick gekleidet, wusste sich jederzeit zu benehmen, konnte aber gelegentlich auch etwas kühl und distanziert wirken. Im Alter von 18 Jahren wurde er wegen Depressionen und der Abklärung einer eventuellen Zwangsstörung an mich verwiesen.

Alex war Klassenbester und lernte für das Abitur. Danach wollte er Medizin studieren und wie sein Vater und seine Mutter Arzt werden. Auch wenn er mir sagte, dass er keine engen Freunde hätte, war ihm doch bewusst, dass seine Klassenkameraden ihn respektierten. Allerdings wäre er gern häufiger bei Partys und bei sonstigen Unternehmungen dabei gewesen. »Manchmal glaube ich, die anderen haben Angst vor mir. Ich wünschte, es wäre nicht so«, meinte er.

Alex' Mutter, die darum gebeten hatte, ihren Sohn beim ersten Termin begleiten zu dürfen, versicherte mir, er hätte eine perfekte Kindheit gehabt. Sie und ihr Mann hatten nur ein Kind gewollt. Als sie mit Alex schwanger wurde, war sie schon Anfang 40, und das Paar hatte sich sehr gefreut, dass es ein Junge war. Alex hatte als Externer die besten Internate besucht, überall ausgezeichnete Leistungen erbracht und nie etwas anderes in Erwägung gezogen als das Medizinstudium. Für problematisch hielt die Mutter allenfalls seine gelegentliche Ungeduld und dass er Unordnung ganz schlecht ertrug.

Alex' Depression hatte seiner Mutter zufolge recht plötzlich eingesetzt, und zwar in den Weihnachtsferien, kurz nachdem er eine Absage von der Universität Edinburgh bekommen hatte. Inzwischen (Anfang Februar) hatte er zwei Zusagen von anderen angesehenen Universitäten erhalten, was jedoch wenig Eindruck auf ihn zu machen schien. Alex wollte unbedingt nach Edinburgh. Nach der Absage hatte er es sich laut Aussage der Mutter auch angewöhnt, nachts lange wachzubleiben und »im Haus herumzulaufen«.

Nachdem seine Mutter gegangen war, erklärte Alex mir, was für ihn nachts das Problem war. Er käme einfach nicht zur Ruhe und könnte nicht einschlafen. »Ich frage mich die ganze Zeit, ob ich nicht irgendwo Licht angelassen habe oder vergessen habe, mir etwas aufzuschreiben oder die Zähne zu putzen oder so. Irgendwie fällt mir immer wieder etwas ein, weshalb ich noch einmal aufstehen und nachsehen muss.« Seinen Worten nach brauchte er mitunter bis zu drei Stunden, ehe er endlich erschöpft einschlief. Daher fiel ihm auch das morgendliche Aufstehen immer schwerer. Seine Mutter hatte ihn bereits dem Hausarzt vorgestellt, weil er in einer Woche dreimal zu müde gewesen war, um aus dem Bett zu kommen.

Alex wollte aber noch ein zweites Problem besprechen, das die Universität betraf. Er hatte schon immer nach Edinburgh gewollt – solange er denken konnte (»Das ist schließlich die beste Uni, oder?«). Hinzu kam, dass er dort bereits ein paar Leute kannte. Dann verriet er mir, dass sein Hauptproblem eigentlich die Frage sei, wie man Freundschaften knüpfe. Er wusste zwar, dass seine Klassenkameraden ihn respektierten, und war durchaus gern allein, wünschte sich aber dringend etwas von der sozialen Leichtigkeit, die alle anderen auszuzeichnen schien. Deshalb machte ihm die Aussicht, an einem völlig fremden Ort zu studieren, wo er keine Menschenseele kannte, sehr zu schaffen. Am schlimmsten war für ihn die Angst, »ausgeschlossen« zu sein.

Als er noch jünger war, insbesondere im Grundschulalter, hatten seine Eltern sich laut Alex »wirklich sehr bemüht, dafür zu sorgen, dass ich Freunde einlud«. Sie hatten Kindergeburtstage und Ausflüge organisiert und keine Ausgaben gescheut. Später jedoch hatte er sich mehr Freiheit gewünscht, mit seinen Kumpels herumzuziehen, anstatt zu Hause noch mehr Privilegien zu erhalten. Das hatte er seinen Eltern aber nie mitgeteilt, weil er sie nicht verletzen wollte. »Sie haben sich immer so bemüht, mir alles zu geben, was ich mir ihrer Meinung nach wünschte«, betonte er.

Alex und ich beschlossen, dass wir uns zuerst einmal mit seinem Kontrollfimmel befassen wollten, damit er wieder mehr Schlaf bekäme. Dafür entwarfen wir eine schriftliche Checkliste, die er abends – genau einmal! – durchgehen und nach der Kontrolle abhaken sollte, falls er die Überprüfung überhaupt für sinn-voll hielt. Außerdem einigten wir uns auf eine Zeitvor-gabe von maximal zehn Minuten für das Durchgehen der gesamten Liste. Dieser einfache, praktische Ansatz machte Alex glücklich. »Ich bin so froh, dass Sie mich nicht für verrückt halten!«, sagte er. Natürlich hielt er sich hinterher gewissenhaft an unsere Abmachung. Schon bald schlief er wieder besser und verpasste keine Schulstunde mehr.

Danach überlegten wir, welche anderen Themen wir behandeln wollten. Drei Fragen waren ihm besonders wichtig: Wie er sich im Umgang mit seinen Klassen-kameraden wohler fühlen könnte, wie er seinen Eltern sagen sollte, was er wirklich wollte, ohne sie zu verlet-zen, und was er im nächsten Jahr tun sollte. Wir hielten es für das Beste, mit den Eltern anzufangen, und luden sie kurzerhand zur Teilnahme an unserer nächsten Sit-zung ein. Dabei sollte ich bestimmte Fragen stellen, die es Alex gestatten würden, darüber zu sprechen, was er sich von seinen Eltern am meisten wünschte – insbeson-dere mehr Freiheit.

Es stellte sich heraus, dass wir uns nur zweimal zu viert treffen mussten, weil Alex ziemlich schnell begriff, dass seine Eltern auf seine Bitten weder verletzt noch be-sonders irritiert reagierten. Sie waren einfach nur über-rascht, dass er noch nie mit ihnen darüber gesprochen hatte. Offenkundig liebten sie ihren Sohn sehr und ver-trauten ihm vorbehaltlos. Gleichzeitig gaben sie bereitwillig zu, dass sie nicht genau wussten, »was junge Leute heute so machen«.

Bei unseren Gesprächen stellte sich auch heraus, dass zu Hause jeder zu sehr getrennte Wege ging und sie nicht mehr ausreichend in Kontakt miteinander waren. Deshalb wurde vereinbart, dass die Familie mindestens zweimal pro Woche gemeinsam essen würde. Bei diesen Gelegenheiten sollten alle darauf achten, darüber zu sprechen, was sie erlebten und wie sie sich dabei fühlten. Ein wichtiges Thema wäre die Frage, ob Alex seine größere Freiheit genoss und gut damit zurechtkam.

Damit war für Alex die Zeit gekommen, sich seiner Sozialkompetenz zuzuwenden, insbesondere in Anbetracht der Tatsache, dass er nun mehr Freiheit hatte, mit Freunden auszugehen. Zunächst einmal stellten wir fest, wer ihm am nächsten stand – ein Klassenkamerad mit dem Namen David. David wollte ebenfalls Medizin studieren, plante aber zunächst eine einjährige Auszeit, in der er arbeiten und reisen wollte. Er war in seiner Familie der Jüngste und wurde von Alex als »mit jedem gut Freund« beschrieben. Da ihm die positive Reaktion seiner Eltern auf seine direkte Bitte Mut gemacht hatte, war Alex mit dem Vorschlag einverstanden, David um Hilfe zu bitten. David sollte ihm zeigen, wie er es anstellen könnte, häufiger in die Aktivitäten anderer einbezogen zu werden.

Bei unserem nächsten Treffen berichtete Alex verblüfft, wie leicht es gewesen war, öfter eingeladen zu werden. David hatte überrascht und ein wenig amüsiert reagiert, als Alex ihm sein Anliegen vorgetragen hatte. Er verriet Alex, dass alle dächten, er wäre lieber für sich allein und fände ihre gemeinsamen Aktivitäten bestimmt »zu kindisch« – er wüsste jedoch, dass Alex allen willkommen wäre. So stellte Alex hocherfreut fest, dass seine sozialen Kontakte sich schon innerhalb kürzester Zeit erheblich verbessert hatten.

Nun konnten wir die Frage angehen, was er im nächsten Jahr machen sollte. Alex sagte, er wolle nach wie vor nach Edinburgh – es gäbe einfach nichts annähernd Gleichwertiges für ihn. Aufgrund unserer gemeinsamen Arbeit hatte er zwar keine Angst mehr, andere Menschen kennen zu lernen, so dass er sich keine Sorgen mehr machte, wie er an einer anderen Universität zurechtkäme. Das hatte ihn jedoch nicht von seinem Ziel Edinburgh abbringen können. Er war sich vielmehr so sicher, genau dort studieren zu wollen, dass er lieber wie David eine Auszeit plante, um sich im Folgejahr noch einmal dort zu bewerben. David hatte Alex bereits gefragt, ob er sich ihm und einigen anderen Freunden nicht anschließen wollte, und Alex hatte eingewilligt.

Er gab zu, dass er immer noch nicht wusste, was er tun sollte, falls Edinburgh ihn ein zweites Mal ablehnte, doch jetzt war er deutlich besser gewappnet, auch diese Enttäuschung wegzustecken. »Ich glaube, ich würde das mit meinen Freunden bereden«, meinte er dazu.

Das hielt ich für eine ausgezeichnete Strategie, so dass wir übereinkamen, keine weiteren Sitzungen mehr zu vereinbaren.

Was wir aus Alex' Erfahrungen lernen können

Alex war leicht dazu zu bewegen, sich an der Therapie zu beteiligen. Das lag vor allem an seinen Eigenschaften als Einzelkind: Alex konnte sich gut ausdrücken, wir konnten problemlos kommunizieren, und die Ideen und Vorschläge, die ich ihm anbot, kamen seinem logischen Denkvermögen entgegen (das ihm auch gleich zu Beginn der Therapie half, mit seinem zwanghaften Verhalten fertigzuwerden). Zudem fiel es ihm leicht, eine Beziehung zu mir aufzubauen, weil ich älter war – eher schon aus der Generation seiner Eltern.

Alex' Probleme, zum Beispiel seine Abneigung gegen Chaos und seine Unsicherheit beim Knüpfen freundschaftlicher Kontakte, sind für Einzelkinder recht typisch. Weil er sich jedoch auf seine Stärken besann (seine pragmatische Art und seine Entschlossenheit, Probleme zu lösen), erzielte er in der Therapie sehr gute Fortschritte. Ich konnte erfreut miterleben, wie Alex lernte, seine Stärken (insbesondere seine guten intellektuellen Fähigkeiten) wertzuschätzen, anstatt sie nur als Ausrede dafür einzusetzen, gnadenlos immer mehr von sich zu erwarten. Außerdem lernte er, flexibler zu denken und mehr Unsicherheit in seinem Leben zuzulassen. Diese Abmilderung seines »Schwarz-Weiß-Denkens« machte ihn zu einem deutlich glücklicheren Menschen.

Fallstudie: Elizabeth

Elisabeth hatte sich immer eine große Familie gewünscht, auch wenn sie eine Zeitlang nicht mehr daran geglaubt hatte, dass es noch dazu käme. Sie war das lang ersehnte einzige Kind berufstätiger Eltern gewesen und hatte die bestmögliche Ausbildung und jegliche Förderung genossen. Aufgrund ihrer ausgezeichneten schulischen Leistungen hatte sie von mehreren Universitäten Zusagen erhalten. Ihre Eltern hatten gehofft, sie würde während ihres Studiums zu Hause leben, aber Elizabeth, die sich durch das überbehütende Elternhaus stark eingeengt fühlte, wollte lieber möglichst weit weg. Nach ihrem Abschluss promovierte sie und erhielt danach einen Lehrauftrag an einer anderen Universität.

Erst als sie 36 war, begegnete ihr Andrew. Zwei Jahre später waren die beiden verheiratet, und nun hatte Elizabeth endlich das Gefühl, ihren Traum von einer Familie angehen zu können. Beide waren glücklich, als sie bereits nach sechs Monaten schwanger war, und kurz nach ihrem 39. Geburtstag kam mit David ein gesunder kleiner Sohn zur Welt.

Elizabeth hörte ihre biologische Uhr ticken, so dass sie praktisch gleich nach Davids Geburt auf das zweite Kind zusteuerte. Dieses Mal hatte sie jedoch weniger Glück und wurde erst nach zwei Jahren wieder schwanger. Diese Schwangerschaft schien jedoch einen anderen Verlauf zu nehmen als die erste. Von Anfang an hatte Elisabeth Schmerzen und fühlte sich unwohl. In der 13. Woche stellte sich heraus, dass sie eine Eileiterschwangerschaft hatte, die in einer Notoperation abgebrochen wurde. Man sagte ihr, dass eine weitere Empfängnis sehr unwahrscheinlich sei.

Elizabeth schlug den Rat ihres Arztes, sich nach der Operation Zeit für die Genesung zu lassen, in den Wind und beschäftigte sich nunmehr intensiv mit dem Thema Pflegeelternschaft und Adoption. Vier Monate später brach sie bei der Arbeit vor Erschöpfung zusammen. Ihr Arzt schrieb sie drei Monate krank und beschwor sie, eine Therapie zu machen, um sich den Ereignissen des letzten Jahres zu stellen und sie zu akzeptieren. Schließlich willigte sie ein, aus dem »Hamsterrad« auszusteigen. Zu diesem Zeitpunkt lernten wir uns kennen.

Elizabeth war bei unserer ersten Sitzung schmal, blass und tieftraurig. Sie weinte und bezeichnete sich als totale Versagerin. Sie sah nur noch ihre Unfähigkeit, die große Familie hervorzubringen, von der sie immer geträumt hatte, und wollte keinen ihrer vielen anderen Erfolge anerkennen.

Wir vereinbarten wöchentliche Sitzungen, die immer

zum gleichen Termin stattfinden sollten, weil Elizabeth meinte, sie bräuchte einen Fixpunkt in ihrem Tagesablauf. Außerdem willigte sie ein, eine Ernährungsberatung zu machen, um wieder zu Kräften zu kommen.

Als Elizabeth von ihrer Kindheit erzählte, wurde ihr bewusst, wie einsam und isoliert sie sich damals gefühlt hatte. Sie wäre gern mit anderen Kindern zusammen gewesen, aber ihre Eltern waren so in sie vernarrt, dass sie das Kind so oft wie möglich um sich haben wollten. Sie sagte, sie wäre an ihrer Liebe mitunter fast erstickt, hätte aber nicht für sich kämpfen können, weil sie wusste, dass ihre Eltern glaubten, immer das Beste für sie zu tun. Zum Ausgleich schwor sie sich, niemals zuzulassen, dass ein eigenes Kind sich je so einsam vorkäme – daher ihr verzweifelter Wunsch nach weiteren Kindern.

Auch wenn sie ausführlich über die Kinder sprach, die sie nicht hatte, ermunterte ich Elizabeth bei jeder Gelegenheit, mir auch mehr über David zu erzählen. So begann sie allmählich zu erkennen, dass sie in ihrem heftigen Bemühen, ihm das zu geben, was sie selbst nicht bekommen hatte, ihrem Sohn gar nicht mehr zeigte, wie sehr sie ihn liebte und wie wichtig er ihr war. Ich fragte sie, ob sie einmal versucht hätte, die Situation aus seiner Sicht zu betrachten. Vielleicht wollte der Kleine seine Eltern ja gar nicht mit weiteren Geschwistern teilen. Es war ein echter Durchbruch, als sie plötzlich erkannte, dass sie die Welt ausschließlich von ihrer Warte aus betrachtet hatte.

Wir sprachen auch darüber, was für einen guten Fang sie mit Andrew gemacht hatte. Er war 15 Jahre älter als sie und der dritte von vier Söhnen. Andrew war entspannt, kontaktfreudig und locker, und er nahm David gern zu Freunden und Verwandten mit, die ebenfalls kleine Kinder hatten. Außerdem liebte er seine Frau sehr und lobte sie unablässig wegen ihrer Klugheit, ihrer Energie und ihrem Organisationstalent. Anfangs sagte Elizabeth nur, dass sie Andrew um seine sorglose Art beneidete. Doch je mehr sie über ihre Beziehung sprach, desto klarer wurde ihr, dass sie um David keine Angst haben musste. Er würde sich nie so abgeschnitten vorkommen wie sie, weil er einen sehr geselligen, aufmerksamen Vater hatte, der das Leben aus der Sicht eines Kindes betrachten konnte.

Mit der Zeit wurde Elizabeth bewusst, dass sie sich in ihrem Streben um Erfüllung auf das Falsche fixierte. Es war gar nicht nötig, noch mehr Kinder mit Andrew zu haben. Sie brauchte sich nur über ihren Sohn zu freuen und sich an ihren Mann zu halten, sobald sie unsicher war, ob sie sich zu sehr als Glucke aufführte. So wuchs ihr Vertrauen, dass sie zusammen ein glückliches, kontaktfreudiges Einzelkind aufziehen konnten. Erst diese Erkenntnis gestattete Elizabeth, von ihren starren Zielen abzusehen und ihr Leben zu genießen, so wie es war.

Was wir aus Elizabeths Erfahrungen lernen können

Wie viele Einzelkinder war Elizabeth eine kluge Frau, die ihre Intelligenz erfolgreich für eine akademische Laufbahn nutzen konnte. Allerdings hatte sie ihre beträchtlichen Talente nicht in ihrem Privatleben eingesetzt. Ohne die Alternativen zu bedenken, hatte sie beschlossen, dass ihr Sohn der Einsamkeit, die sie als Kind erlebt hatte, nur dann entgehen könnte, wenn sie ihm viele Geschwister schenken konnte. Als Einzelkind, das in einer Erwachsenenwelt groß geworden war, war Elizabeth nicht darauf gekommen, die Welt aus der Sicht eines Kindes zu betrachten.

Hinzu kam, dass sie sich auf Grund ihrer perfektionistischen Ader – eines weiteren typischen Merkmals von Einzelkindern – in jeder Hinsicht als »totale Versagerin« einstufte, weil sie in einem Bereich ihres Lebens (in der Anzahl der gewünschten Kinder) nicht »erfolgreich« gewesen war.

Anstatt sich nach ihrer Operation ausreichend Zeit für die vollständige Genesung zu lassen und alle Optionen zu überdenken, die ihr und Andrew noch offen standen, hatte sie gnadenlos ihr Ziel verfolgt, Kinder zu adoptieren, bis ihr Körper nicht mehr mitmachte und sie erschöpft zusammenbrach. Erst da begann sie, ihr Talent zu nutzen und flexibler über ihre Situation nachzudenken. Dabei dämmerte ihr, dass es mehr als einen Ausweg aus ihrem Dilemma gab und dass sie längst alles hatte, was erforderlich war, um ein glückliches, gut eingebundenes Kind aufzuziehen.

Einzelkinder – kurz und knapp

Früher waren Einzelkinder eher diejenigen, die sich ausgeschlossen und einsam vorkamen, weil sie so selten waren. Heute ist diese Position deutlich verbreiteter, und Einzelkinder sind meist glücklicher und sozial bewanderter als je zuvor.

Hier folgt eine kurze Auflistung der häufigsten Eigenschaften der Einzelkinder von heute:

- Gute Lern- und ausgeprägte Kommunikationsfähigkeit.
- Starkes Selbstbewusstsein.
- Sind lieber mit Älteren zusammen als mit Gleichaltrigen.
- Können sich allein beschäftigen und tun dies auch gern.
- Denken und handeln sehr logisch und können gut organisieren.
- Fühlen sich in Gesellschaft Gleichaltriger eher unwohl und werden von ihnen leicht einmal missverstanden.
- Hang zum Perfektionismus.
- Abneigung gegen Unwägbarkeiten.

Damit haben wir die vier wichtigsten Geburtspositionen in der Familie und die unterschiedlichen Eigenschaften dieser Menschen genauer unter die Lupe genommen. Im zweiten Teil des Buches werden wir uns mit den anderen wichtigen Faktoren beschäftigen, die das Profil der Geburtsposition beeinflussen und einen Menschen formen.

Teil 2

Andere charakterprägende Einflüsse

5. Die Eltern

Bis zum Alter von fünf oder sechs Jahren waren die Eltern die wichtigsten Menschen in unserem Leben (wenn ich hier von »Eltern« spreche, meine ich die Hauptbezugspersonen, ob diese nun unsere biologischen Eltern waren oder nicht). Deshalb dürfte es niemanden erstaunen, dass wir deren Einstellungen und Gefühle – ganz besonders ihre Einstellungen und Gefühle zu uns selbst – schon als Babys sehr genau registriert haben und ihnen gefallen wollten. Vor allem im Alter zwischen drei und sechs Jahren, also in der Phase, in der wir die Grundlagen für unser »Selbstbild« legen (die Vorstellungen, die wir von uns selber haben), kopieren Kinder praktisch alles, was ihre Eltern tun oder sagen. Abgesehen von unseren Genen reicht kein zweiter Faktor annähernd an den Einfluss der Eltern auf die Charakterbildung heran.

In diesem Kapitel möchte ich neben dem Verhalten, den Gefühlen und den Überzeugungen der Eltern die Aspekte in der elterlichen Biografie untersuchen, die ihre Kinder am meisten beeinflussen.

Die ursprüngliche Familienposition der Eltern

Grundsätzlich verstehen wir das am besten, was wir selbst erlebt haben. Deshalb glauben Eltern meistens, dass sie sich in das Kind mit derselben Geburtsposition wie ihrer eigenen am besten einfühlen können. Eltern sagen gern Dinge wie: »Oh, ich weiß doch, wie es Richard ergeht. Ich weiß genau, welchem Druck man als Ältester ausgesetzt ist«, oder: »Tja, ich weiß, warum sie so frech ist. Ich war auch mal das Nesthäkchen.« Das kann in mancher Hinsicht gut sein, weil das Kind, das dieselbe Position einnimmt wie die Eltern, sich verstanden fühlt. Es kann die Eltern aber auch übermäßig nachsichtig stimmen, wenn solche Kinder Fehler machen.

Häufig ist es jedoch eher ungünstig, wenn ein Kind dieselbe Geburtsposition einnimmt wie ein oder beide Elternteile. Derjenige, der dieselbe Geburtsposition innehatte wie das Kind, könnte zu viel von seinem Sohn oder seiner Tochter erwarten und das Kind ermutigen oder gar drängen, die Dinge zu tun, die er selbst nicht getan hat, oder Dinge besser zu machen als die eigenen Eltern. Mitunter haben solche Kinder auch das Gefühl, *zu* gut verstanden zu werden, weil die Eltern glauben, immer schon genau zu wissen, wie es ihrem Kind gerade ergeht. Außerdem bestehen vielleicht Erwartungen, den Eltern ähnlicher zu sein, als man sein möchte.

Insgesamt habe ich den Eindruck, dass ein Kind die größtmögliche Freiheit hat, sich eigenständig zu entwickeln, wenn es die Position der Lieblingsschwester oder des Lieblingsbruders aus der Kindheit der Eltern einnimmt. Wenn also ein Elternteil ein Erstgeborener war und sich mit seinem jüngsten Bruder am besten verstand, wird er oder sie sich gegenüber dem Jüngsten der eigenen Kinder am wohlwollendsten verhalten.

Diese Faustregel gilt allerdings leider auch anders herum: Wenn ein Elternteil eines seiner Geschwister ablehnte, kann er oder sie diese Gefühle unwissentlich auf das Kind übertragen, das dieselbe Geburtsposition innehat. Das klingt zwar abwegig, aber ich weiß, dass es trotzdem vorkommt.

Fast immer wird es noch weitere Grundhaltungen geben, die direkt aus den persönlichen Kindheitserfahrungen der Eltern herrühren. Stellen Sie sich beispielsweise eine Frau vor, die ausschließlich Schwestern hatte und dann einen Sohn zur Welt bringt. Möglicherweise hat sie das Gefühl, Jungen nicht richtig zu verstehen, und wenn ihr Sohn etwas anstellt, sagt sie vielleicht: »Na ja, Jungen sind wohl so. Keine Ahnung.« In einem solchen Fall würde der Junge mit mehr Nachsicht behandelt als eventuelle Töchter. Ähnlich dürfte es einem Vater ergehen, der unter

Brüdern aufgewachsen ist. Auch er wird eine Tochter mehr verwöhnen als jeden Sohn.

Am strengsten und anspruchsvollsten sind meist die Eltern, die als Einzelkinder groß wurden. Da sie keinerlei Erfahrung mit kindlichen Verhalten anderer haben (weil es keine Geschwister gab), ist ihre Toleranz gegenüber unreifen, kindischen Reaktionen sehr gering, und sie ermahnen ihre Kinder unablässig, sich »erwachsener« zu verhalten.

Die Beziehung der Eltern

Auch die Beziehung der Eltern zueinander wirkt sich auf den eigenen Charakter aus: Wie gut kamen sie miteinander aus? Wie gut konnten sie miteinander reden und so weiter? Auch hier spielt die Geburtsposition eine Rolle. Häufig heißt es, dass die Partnerschaften am harmonischsten verlaufen, in denen die Partner einander ergänzen, also wenn ein Erstgeborener ein Nesthäkchen oder ein mittleres Kind heiratet (besonders wenn diese Positionen in der eigenen Herkunftsfamilie von bevorzugten Geschwistern eingenommen wurden). Grundsätzlich können die Eltern bei solchen Kombinationen außerordentlich effektiv zusammenwirken – der eine übernimmt das Kommando, der andere ist froh, dass alles reibungslos läuft.

Das höchste Konfliktpotenzial birgt normalerweise die Konstellation, in der beide Eltern dieselbe Herkunftsposition mitbringen. Vor allem zwei Erstgeborenen fällt es oft schwer, gemeinsam zu erziehen, weil beide daran gewöhnt sind, die Hauptverantwortung zu tragen, und beide den Ton angeben wollen. Ein zweites ausgesprochen schwieriges Paar sind zwei Einzelkinder, weil keiner von beiden aus Erfahrung weiß, wie man mit Gleichrangigen Kompromisse schließt.

Jüngste erwarten oft, dass andere sich um sie kümmern. Wenn also zwei Jüngste Kinder in die Welt setzen, reagieren möglicherweise beide recht hilflos, sobald sie sich um die üblichen Probleme kümmern müssen, mit denen alle Eltern gelegentlich konfrontiert sind. Wenn Sie als Kind von zwei Nesthäkchen aufgewachsen sind, könnte zu Hause ein ziemliches Chaos geherrscht haben. Zweifellos haben Sie und Ihre Geschwister auch alle Grenzen voll ausgereizt, schlicht und einfach, weil Ihnen bald klar war, dass Sie vermutlich damit davonkommen.

Mittelkinder sind in der Regel sehr kompromissbereit und überlassen gern anderen die Entscheidungshoheit. Deshalb harmonieren sie als Eltern gut mit Erstgeborenen oder Einzelkindern. Falls jedoch beide Eltern Mittelkinder waren oder sich ein Jüngstes mit einem Mittelkind zusammengetan hat, erinnern Sie sich möglicherweise an einen nicht gerade ordentlichen Haushalt, in dem beiden Eltern Entscheidungen schwerfielen. Andererseits war die mangelnde Ordnung damals kein Thema, und Sie konnten in dieser Umgebung Ihren persönlichen Interessen nachgehen und eigene Talente entwickeln.

Wenn Sie selbst eine etwas problematische Elternrolle einnehmen oder die beschriebenen Situationen aus dem Elternhaus kennen, sollten Sie aber nicht gleich die Flinte ins Korn werfen. Das bedeutet nämlich weder, dass solche Partnerbeziehungen unmöglich funktionieren können, noch dass sie den Kindern zwangsläufig schaden. Es heißt nur, dass Kompromisse meist härter erkämpft werden, so dass die Kinder aus solchen Familien in einer angespannteren Atmosphäre aufwachsen. Das wiederum bringt mit sich, dass sie auch selbst eher angespannt und ängstlich reagieren. Wichtig ist dabei jedoch, dass dies nur eine *Tendenz* ist und keinesfalls mit Sicherheit eintreten muss.

Wer mehr über die besten und die schwierigsten Paarbeziehungen unter den verschiedenen Geburtspositionen erfahren möchte, sollte die jeweiligen Abschnitte zur Partnerwahl in den ersten vier Kapiteln lesen.

Wendepunkte

Neben den verschiedenen Einflüssen auf den Charakter, die wir im zweiten Teil dieses Buches untersuchen, gibt es noch etwas, das zwar weniger verbreitet ist, aber dennoch äußerst dramatische Auswirkungen haben kann. Damit meine ich gewisse schicksalhafte Momente, die wie der Blitz aus heiterem Himmel eintreten und unser persönliches Denken und Fühlen über bestimmte Aspekte des Lebens nachhaltig verändern.

Ein solcher Wendepunkt kann ein Ereignis von weltweiter Tragweite sein, aber auch etwas viel Persönlicheres wie der Tod eines Elternteils oder von Geschwistern (siehe Seite 198, Kapitel 6, *Geschwister*). Auch ein lokales Geschehen kann sich entsprechend gravierend auswirken, wenn es die Zukunftsaussichten der Nachbarschaft, des Wohnortes oder der sozialen Gruppe verändert (siehe Seite 239, Kapitel 8, *Andere wichtige Beziehungen*). Meistens ist der Einfluss solcher Ereignisse eher negativ, weil wir im Anschluss vorsichtiger oder furchtsamer reagieren. In Einzelfällen können derartige Momente aber auch äußerst befreiend und positiv sein. Das ist zum Beispiel der Fall, wenn ein Durchbruch in der Gentechnik stattfindet oder auf einmal eine medizinische Behandlungsmöglichkeit besteht, die für die Gesundheit der Familie wichtig ist (ein persönlicher Einschnitt), oder wenn nach einer Naturkatastrophe unerwartet Überlebende entdeckt werden (eine globale Sensation).

Wenn Sie heute eine Umfrage durchführen und die Menschen nach ihrer aktuellsten Erinnerung an ein einschneidendes Ereignis fragen würden, würde vermutlich der Anschlag vom 11. September 2001 mit dem Einsturz der zwei Türme des World Trade Centers in New York am häufigsten genannt werden. Seither entwickelte sich das Gespenst des Terrorismus zu einem der erschreckendsten Phänomene unserer Zeit, dessen Einfluss sich auf die Gesetzgebung, die Sicherheitskontrollen an den Flughäfen, bestimmte Überlegungen beim Reisen und vieles mehr erstreckt.

Nachfolgend nenne ich beispielhaft einige weitere Ereignisse von weltweiter Bedeutung, die für mich persönlich zum Scheidepunkt wurden:

Ich war vielleicht sieben oder acht Jahre alt und sah mit meinen Eltern die Fernsehnachrichten. Ich erinnere mich sehr deutlich an die Szenen, wie wütende Leute mit Kindern besetzte Schulbusse umkippten. Noch heute höre ich die Kinder schreien und die aufgebrachten Erwachsenen brüllen und fluchen. Ich konnte nicht begreifen, warum jemand versuchte, kleinen Kindern etwas anzutun.

Erst später wurde mir klar, dass es hier um schwarze Kinder ging und dass ich offenbar einen der ersten Versuche mitangesehen hatte, die Rassentrennung an Schulen in den USA aufzuheben. Diese Erkenntnis dämmerte mir aber erst bei meiner zweiten wichtigen Erinnerung, nämlich der Nachricht vom Mord an Martin Luther King.

Ich weiß nicht, warum diese beiden Ereignisse einen so großen Einfluss auf mich hatten. Ich bin weiß, stamme aus der Mittelschicht, und meine Eltern waren konservativ. Dennoch veränderten diese Momente meine Denkweise und damit mein Leben, denn sie erzeugten in mir den unbändigen Wunsch herauszufinden, wieso eine Gruppe Menschen eine andere allein aufgrund äußerlicher Merkmale als minderwertig einstufen kann. Deshalb machten diese zwei Ereignisse mich zu einem ganz anderen Menschen, als ich sonst vielleicht geworden wäre.

Wenn ein Ereignis absolut ungerecht erscheint, völlig unerwartet geschieht und man sich aufgrund der Art und Weise des Geschehens mit den Betroffenen identifizieren kann, kann dieser eine Moment die persönliche Sichtweise auf die Welt sowie die

Einstellung zur Zukunft für immer verändern. Und damit verändert er auch den Charakter und übt einen bleibenden Einfluss auf die Eigenschaften unserer Geburtsposition aus.

Erziehungsstil und Grundüberzeugungen

In den 1960er- und 1970er-Jahren stieg das Interesse an den Zusammenhängen zwischen dem Erziehungsstil der Eltern und dem entsprechenden Maß an Selbstbewusstsein und Glück bei den zugehörigen Kindern. Zu den führenden Forschern auf diesem Gebiet zählte Diana Baumrind, deren Arbeiten noch heute sehr geschätzt werden. Baumrind identifizierte drei grundsätzliche Bestandteile der Erziehung:

- Innigkeit oder Feindseligkeit gegenüber den Kindern,
- strenge oder nachsichtige Einstellung in Bezug auf Disziplin (restriktive oder anti-autoritäre Erziehung),
- konsequente oder inkonsequente Durchsetzung der Disziplin.

Baumrind und ihre Kollegen fanden heraus, dass Eltern, die sich ihren Kindern mit Herzenswärme zuwandten (also echtes Interesse an ihnen zeigten und ihre Bedürfnisse und Ansichten respektierten), aber gleichzeitig ein Auge auf die Disziplin hatten und klare Grenzen setzten, eher freundliche und selbstbewusste Kinder erzogen – unabhängig von deren Geburtsposition. Solche Eltern hatten auch hohe, aber realistische Erwartungen an ihre Kinder.

Meine Berufserfahrung lässt mich diese Befunde ganz eindeutig bestätigen. Insbesondere habe ich festgestellt, dass Eltern, die klare Regeln aufstellen und deren Einhaltung überwachen, Kinder erziehen, denen es ihrerseits relativ leichtfällt, Grenzen zu setzen und zu wissen, wann sie ihre Sache gut gemacht haben. Wenn die Eltern ihnen gegenüber Innigkeit gezeigt haben, konnten auch sie selbst ihre Erfolge anerkennen und auf das Erreichte stolz sein. Außerdem fällt es solchen Kindern relativ leicht, die Scherben aufzusammeln und es noch einmal zu versuchen, wenn sie bei etwas scheitern.

Infolge einer konsequenten, warmherzigen Erziehung sind meist alle Kinder der Familie selbstbewusst und voller Selbstvertrauen, die Ältesten ebenso wie die Jüngsten. Kinder mit konsequenten, aber eher kühlen Eltern hingegen entwickeln zwar ebenfalls Selbstbewusstsein, neigen aber dazu, sich selbst und anderen gegenüber voreingenommen zu sein.

Ist hingegen das Verhalten der Eltern mit ständig wechselnden Disziplinansprüchen widersprüchlich, so neigen die Kinder eher zu Ängstlichkeit. Solche Kinder fürchten das Gefühl, nichts mehr steuern zu können, und geben sich oft die größte Mühe, anderen eine Freude zu machen. Das gilt selbst dann, wenn die Eltern sich herzlich und zugewandt zeigen.

Weil die elterlichen (und eigenen) Überzeugungen, wie gute Eltern sein sollten, so tief in uns verankert sind, dass sie sich wie allgemeine Regeln anfühlen, gelten sie meist für alle Kinder der Familie gleichermaßen. Das heißt, dass alle Geschwister unabhängig von ihrer Geburtsposition diesen Regeln und der Art und Weise, wie sie durchgesetzt wurden, unterworfen waren. Die Eigenschaften der Geburtsposition bleiben zwar weiterhin bestehen, sind aber mitunter schwerer zu entdecken, besonders wenn die Eltern sich grob oder inkonsequent verhalten haben.

Ob die Eltern beim Strafen konsequent oder inkonsequent vorgehen, hat einen enormen Einfluss auf das Selbstwertgefühl. Ob sie sich warmherzig oder kühl verhielten, hinterließ ebenfalls tiefe Spuren bei uns, und zwar vor allem in Bezug auf die Neigung, uns auf unsere besten oder schlechtesten Merkmale zu konzentrieren. Eine eher autoritäre oder eher anti-autoritäre Grundhaltung scheint den Charakter hingegen weniger stark zu beeinflussen, wobei die Kinder ex-

trem strenger Eltern meist unrealistisch hohe Maßstäbe an sich und andere anlegen.

Elterliche Interessen

Mit anderen Menschen auszukommen und Gemein-
samkeiten zu finden, ist deutlich einfacher, wenn alle
ähnliche Interessen hegen. Das gilt auch für die eigenen
Eltern, die sich natürlich eher den Kindern zugewandt
haben, die ihre eigenen Neigungen und Auffassungen
teilten. Diese Tatsache erzeugt oft Schuldgefühle bei
den Eltern (und mitunter Trotzreaktionen bei den Kindern) – aber nur weil hier Ähnlichkeit mit Liebe ver-
wechselt wird. Beides geht oft, aber keineswegs immer Hand in Hand und ist ganz sicher nicht dasselbe.
Zweifellos haben unsere Eltern alle ihre Kinder geliebt, auch wenn es ihnen bei manchen vielleicht leich-
terfiel, Zeit mit ihnen zu verbringen, und sie damit
eher zufrieden waren als bei anderen.

Ich habe bereits erwähnt, dass kleine Kinder zu ihren Eltern aufsehen und versuchen, sie nachzuahmen.
Daher haben sie und ihre Eltern häufig nur deshalb
gemeinsame Hobbys, weil sie sich durch Imitieren auf
das eingelassen haben, was den Eltern Freude machte.
Wenn Interessen jedoch bestimmte Fertigkeiten er-
fordern, beispielsweise die Fähigkeit, eine Sportart
zu betreiben oder ein Instrument zu spielen, und ein

Elternteil in diesem Bereich bereits besonders gut war, ist es unter Umständen schwerer, wenn nicht gar unmöglich, dieses Hobby mit ihnen zu teilen, vor allem ganz am Anfang. Das liegt daran, dass wir uns dem talentierten Elternteil gegenüber automatisch unterlegen fühlen, zumindest zu Beginn.

Auch wenn es paradox erscheint, erfordert es doch große Sensibilität, wenn Vater oder Mutter ihrem Kind etwas beibringen wollen, worin sie selbst schon sehr gut sind. Kinder mit besonders talentierten Eltern wachsen daher oft in dem Gefühl auf, zwischen ihnen und den Eltern läge eine Riesenkluft. Gerade die Erstgeborenen haben es dabei schwer, weil sie so konkurrenzbetont und am empfänglichsten gegenüber elterlicher Kritik sind.

Erziehungstipp: Die Anstrengung mehr betonen als die Leistung selbst

Kinder lassen sich am besten anspornen, ihre Talente auszuprobieren und zu entwickeln, indem man sie für ihre Bemühungen mehr lobt als für ihre Leistungen. Schenken Sie ihnen Zeit – volle, konzentrierte Aufmerksamkeit. Hören oder sehen Sie ihnen zu, wann immer es möglich ist, und zeigen Sie ihnen nicht, wie etwas »richtig« geht, wenn sie an etwas arbeiten – besonders wenn Sie das jeweilige Thema oder die Fertigkeit selbst beherrschen. Suchen Sie ihnen einen geeigneten Lehrer oder Mentor, mit dessen Hilfe sie sich besser entfalten können. Eltern, die mit ihren Kindern kooperieren, anstatt unbewusst mit ihnen zu wetteifern, werden selbstbewusste Kinder erziehen, die gern bereit sind, etwas Neues auszuprobieren.

Alles eine Frage der Gene?

Für die Charakterentwicklung spielen die Persönlichkeiten der Eltern eine sehr wichtige Rolle. Es gibt jedoch auch Merkmale, die offenbar von Geburt an vorhanden und nur schwer oder gar nicht beeinflussbar sind.

Falls Sie aufgrund von bestimmten angeborenen Eigenschaften regelmäßig mit Ihren Eltern aneinandergeraten sind, dürfte dies allen Beteiligten große Schwierigkeiten bereitet und besonders bei den Eltern Schuldgefühle geweckt haben. Eltern berichten mir oft, dass sie eines ihrer Kinder für schwieriger halten als die anderen, und machen sich große Sorgen deswegen. Auch in diesem Fall verwechseln Eltern Kompatibilität mit Liebe.

Es wäre ganz natürlich, wenn Ihr Vater oder Ihre Mutter mit einem Kind aus der Familie schlechter (oder besser) zurechtkam als mit den anderen – was für sich genommen ihre Fähigkeit als Eltern keineswegs beeinträchtigen musste. Problematisch könnte eher der Stress sein, der aus dieser Beobachtung resultierte. Wenn die Eltern mit dem weniger verträglichen Kind ängstlicher umgingen, entwickelte sich dieses Kind höchstwahrscheinlich zu einem argwöhnischen, unsicheren Erwachsenen, der seinerseits zu Schuldgefühlen und übermäßigem Verantwortungsbewusstsein neigt. Kleine Kinder, die spüren, dass etwas nicht stimmt – besonders bei ihren Bezugspersonen –, nehmen sofort an, dass sie etwas falsch gemacht haben. Wenn man sie in diesem Glauben belässt (also wenn derartige Situationen häufig vorkommen und man ihnen nie klarmacht, dass sie nichts dafürkönnen), wachsen sie in einem Gefühl beständiger Sorge heran und nehmen bereitwillig die Schuld auf sich, sobald etwas schiefgeht.

Am zuversichtlichsten hingegen werden Kinder, die Liebe und Unterstützung erfahren – unabhängig davon, wie viel sie mit ihren Eltern gemeinsam haben. Nesthäkchen sind zwar oft besonders kreativ, doch wer als Kind immer wieder Gelegenheit bekam, eigene Talente und Fähigkeiten zu entwickeln, kann diese meist auch ohne die entsprechende Geburtsposition ausbauen.

Fallstudie: Jackie

Jackie war 33, als sie wegen Depressionen und mangelndem Selbstwertgefühl zu mir geschickt wurde. Seit ihrem Schulabschluss hatte sie verschiedene Stellen angenommen, die inhaltlich nichts miteinander zu tun hatten. Jackie erzählte, dass es sie am meisten bedrücken würde, dass sie irgendwie »auf der Stelle träte«. Wenn sie einen neuen Job fand, war sie anfangs Feuer und Flamme, aber binnen sechs Monaten sah sie sich bereits desillusioniert und enttäuscht nach etwas anderem um.

Jackie war das jüngste von vier Kindern. Ihre Eltern hatte sie als »nicht greifbar und sehr beschäftigt« erlebt. Beide waren Berufsmusiker – ihre Mutter spielte Geige, der Vater Cello –, und ihre Engagements waren mit vielen Reisen verbunden. Jackie und ihre Geschwister waren daher weitgehend unter der Obhut wechselnder Au-pair-Mädchen und Kinderfrauen aufgewachsen.

Mit 16 ging Jackie von der Schule ab. Seitdem hatte sie diverse Stellen in Büro- und Verwaltungstätigkeiten oder als persönliche Assistentin durchlaufen. Allerdings gestand sie mir, dass diese Tätigkeit ihr eigentlich keinen Spaß machte. Sie nahm diese Jobs nur deshalb an, weil sie in diesem Bereich problemlos Arbeit fand.

Im Laufe unserer Gespräche stellte sich heraus, dass Jackie selbst gern Musikerin geworden wäre. Wie alle ihre Geschwister hatte auch sie als Kind Klavierstunden erhalten. Doch wenn ihre Eltern sie üben hörten, kamen sie dazu und »halfen« ihr, indem sie ihr die Stücke fehlerlos vorspielten und über ihre langsamen Fortschritte klagten. Nach ihrem Auszug hatte Jackie ein gebrauchtes Klavier erstanden und sich selbst Jazz- und Bluestitel beigebracht. Beide Musikrichtungen sagten ihren Eltern nicht sonderlich zu, doch Jackie war erstaunlich gut darin. Seit sie nicht mehr der Kritik und der Überlegenheit ihrer Eltern ausgesetzt war, hatte sie sich eine Nische erobert, in der sie brillieren konnte.

Im Laufe unserer Sitzungen wuchs Jackies Selbstvertrauen, und schließlich nahm sie allen Mut zusammen und sah sich nach Engagements um. Jahre später rief sie mich glücklich an: Sie war nach New York gezogen und professionelle Jazzmusikerin.

Wie Ihre Eltern erzogen wurden

Ein zweiter wichtiger Faktor, der die Erziehungsweise der Eltern beeinflusst hat, ist deren eigene Erziehung. Mütter und Väter erinnern sich sicherlich an diverse Situationen, in denen sie sich ihren Kindern gegenüber genauso verhalten oder genau das Gleiche gesagt haben, was sie von ihren Eltern her kannten. Auch dies ist ganz natürlich, denn für unseren Elternberuf werden wir schließlich nicht ausgebildet. Deshalb greift die breite Mehrheit beim Erziehen auf eigene Erfahrungen zurück. In der Regel verhalten wir uns entweder so, wie wir es aus unserem Elternhaus kennen, oder verfallen aufgrund einer Trotzreaktion gegen bestimmte elterliche Erziehungsmethoden, die uns nicht gefielen, ins Gegenteil. In beiden Fällen wurde die eigene Methode häufig nicht so gründlich überdacht, dass dabei ein persönlich stimmiger Erziehungsansatz herauskam.

Bis zu dem Zeitpunkt, an dem wir innehalten und darüber nachdenken, halten wir zumeist an bestimmten Überzeugungen und Werten fest, weil schon unsere Eltern daran geglaubt und sie so häufig vor uns wie-

Erziehungstipp: Wie wurden Sie selbst erzogen?

Nehmen Sie sich Zeit, über Ihre eigene Erziehung nachzudenken. Wenn Sie vermuten, dass bestimmte Überzeugungen oder Haltungen nicht wirklich Ihre eigenen sind, sondern eher unreflektiert von den Eltern übernommen wurden, wäre es klug, sie jetzt auf den Prüfstand zu stellen. Unter Umständen müssen Sie umdenken. Das gilt besonders, wenn ein Teil dieser Grundüberzeugungen nicht mit Ihren sonstigen Vorstellungen übereinstimmt.

derholt haben. Jetzt stellen wir vielleicht erschrocken fest, dass diese Grundhaltungen heute ganz und gar nicht mehr für uns akzeptabel sind.

Wichtige Ereignisse im Leben der Eltern

Größere Umbrüche im Leben der Eltern beeinflussen den Charakter der Kinder. Welche Auswirkungen der Tod eines Bruders oder einer Schwester auf die anderen Kinder hat, untersuchen wir in Kapitel 6, *Geschwister*, doch gibt es ja auch andere Krisen. Wenn ein oder beide Elternteile beispielsweise arbeitslos wurden oder ihre Eltern oder andere ihnen nahestehende Menschen starben, könnten sie eine Weile unter Depressionen gelitten haben. Psychologen wissen, dass Depressionen bei der Hauptbezugsperson eines sehr kleinen Kindes dazu führen, dass dieses Kind eine Zeitlang wenig Interesse zeigt, auf andere Menschen zuzugehen. Es kann auch zu einer verzögerten Sprachentwicklung kommen.

Zum Glück sind Kinder unglaublich widerstandsfähig, so dass sie die verlorene Zeit rasch aufholen, sobald es dem betroffenen Elternteil wieder besser geht. Als Erwachsene stellen solche Kinder allerdings mitunter fest, dass sie insbesondere gegenüber den Menschen, die sie lieben, aber auch gegenüber allen anderen Menschen deutlich sensibler auf Stimmungs-schwankungen reagieren als andere.

Auch andere Ereignisse im Leben der Eltern haben Einfluss auf die charakterliche Entwicklung der Kinder. Wenn ein Elternteil von Berufs wegen nur selten zu Hause ist, kann beim Kind ein Gefühl von Distanz oder Trotz aufkeimen. Falls der abwesende Elternteil vom anderen Geschlecht ist, kann dadurch die Sehnsucht entstehen, von einem älteren Partner geliebt zu werden.

Ziehen Sie nun aber bitte keine voreiligen Schlüsse, denn das ist nur einer von zahlreichen möglichen Gründen, warum jemand einen deutlich älteren Partner wählt! Es wurde ja bereits erläutert, dass Einzelkinder sich in Gesellschaft Älterer häufig wohler fühlen. Ein Einzelkind, das einen deutlich älteren Partner liebt, fühlt sich vielleicht zu ihm hingezogen, weil es bei älteren Menschen Geborgenheit und Trost sucht. Und selbstverständlich sind Partner auch aus ganz anderen Gründen attraktiv, die nichts mit dem Alter oder der eigenen Erziehung zu tun haben!

Heutzutage sind die häufigsten Ereignisse, die eine tief greifende Wirkung auf die persönliche Charakterbildung haben können, Trennung und Scheidung. Auf dieses Thema gehen wir in Kapitel 7, *Brüche in der Familienbiografie,* näher ein.

Tod eines Elternteils

Zu erwähnen ist an dieser Stelle noch ein besonders katastrophales Ereignis, das auf manche Kinder enormen Einfluss haben kann, nämlich der Tod insbesondere des Vaters (wobei natürlich auch der Tod der Mutter ein Kind tief erschüttert).

Wenn eine Mutter stirbt, bevor ihre Kinder erwachsen sind, verlieren diese in den meisten Fällen ihre wichtigste Bezugsperson. Das kann für Kinder fatale und weit reichende Folgen haben. Allerdings sind sich die meisten Familien und diejenigen, welche die betroffene Familie in solch schweren Zeiten unterstützen, der potenziellen Wirkung des Verlusts der Mutter bewusst und geben sich die größte Mühe, die Kinder nach besten Kräften zu unterstützen.

Wenn der Vater stirbt, reagieren viele Familien allerdings deutlich hilfloser. Kinder, deren Vater starb, bevor sie erwachsen waren, werden häufig besonders ehrgeizig und leistungsorientiert; dies gilt vor allem für Jungen. Beschäftigen Sie sich einmal mit den Lebensläufen sehr erfolgreicher, umtriebiger Männer – vermutlich werden Sie feststellen, dass darunter überproportional viele schon in jungen Jahren ihren Vater verloren haben.

Fallstudie: Fraser

Fraser suchte mich aus eigenem Antrieb auf, weil er seiner Ansicht nach an einem Burn-out litt. Äußerlich betrachtet hatte er eine höchst erfolgreiche Karriere hingelegt, um die er zu beneiden wäre. Allerdings sagte er mir, dass die Vielzahl seiner Beförderungen ihm wenig bis gar keine Befriedigung verschaffte. Er freute sich zwar, wenn er befördert wurde oder eine Gehaltserhöhung erhielt, aber diese Zufriedenheit war nie von Dauer, sondern er dachte fast augenblicklich an den nächsten Schritt. Als ich Fraser fragte, was er denn erreichen wollte, bis er sich zur Ruhe setzte, reagierte er völlig überrascht. Darüber hatte er noch nie nachgedacht!

Fraser hatte zwei Geschwister, war aber trotz seines offenkundigen Erfolgshungers und Leistungsstrebens kein Erstgeborener. Seine beiden Schwestern, die sechs und acht Jahre älter waren als er, waren verheiratet.

Als Fraser zehn war, kam sein Vater bei einem Arbeitsunfall ums Leben. Seine Eltern hatten sich sehr geliebt, und seine Mutter war am Boden zerstört. Als ihr Mann noch lebte, war sie nicht berufstätig gewesen, doch nach seinem Tod begann sie, als Schulsekretärin zu arbeiten. Fraser zufolge war sie eine »unglaubliche« Mutter gewesen, die ihr Leben ganz auf die Kinder ausgerichtet hatte. Sie hatte nicht wieder geheiratet.

Irgendwann wurde Fraser klar, dass sein Versuch,

durch Leistungen zu glänzen, bald nach dem Tod seines Vaters begonnen hatte. Er begriff, dass er versucht hatte, jemandem Freude zu machen, der ihm nicht mehr zeigen konnte, wie stolz er auf ihn war. Das war der Grund, weshalb Fraser nie zufrieden war, ganz gleich, wie viel er erreichte.

Nachdem er anfing, sich für seine Leistungen selbst zu loben und darüber nachzudenken, welchen Weg er einschlagen wollte, lebte sein Interesse an der Arbeit wieder auf, und auch sein Selbstvertrauen kehrte zurück.

Zusammenfassung: Der Einfluss der Eltern auf den Charakter je nach Familienposition

Unsere Erziehung hat starken Einfluss auf den Charakter. Häufig werden dadurch nur die typischen Eigenschaften der Geschwisterfolge verstärkt. Manchmal hat das, was die Eltern taten oder was ihnen zustieß, während die Kinder klein waren, starke Auswirkungen auf die typischen Eigenschaften eines Ältesten, Mittleren oder Jüngsten. Das gilt zum Beispiel in Bezug auf die Konsequenz, mit der die gezogenen Grenzen durchgesetzt wurden, oder beim frühen Tod des Vaters. Das Ergebnis könnte andere Menschen, die versuchen, Ihre Geburtsposition zu erraten, in die Irre leiten.

Wenn man also die typischen Eigenschaften des eigenen Platzes in der Familie im richtigen Zusammenhang sehen möchte, sollte man sich mit den eigenen Eltern befassen: Wofür haben sie sich interessiert, was haben sie geliebt, wie wurden sie selbst erzogen, und was geschah in ihrem Leben, während wir aufwuchsen?

Damit ist es an der Zeit, sich dem Einfluss der Geschwister zuzuwenden.

6. Die Geschwister

Wie schnell eine Pflanze wächst und ob sie gedeiht, lässt sich nicht durch isolierte Beobachtung feststellen, sondern man muss auch ihre Umgebung – alles, was gleichzeitig im selben Umfeld heranwächst – mit einbeziehen. Werfen die Nachbarpflanzen einen Schatten auf diejenige, die wir untersuchen, so dass sie nicht genug Sonne bekommt? Nehmen sie ihr einen Großteil der Nährstoffe weg, die sie bräuchte, um ihre optimale Größe zu erreichen? Es ist hilfreich, Geschwister aus dieser Warte zu betrachten.

Wie Geschwister unseren Charakter beeinflussen können

Ein wirklich umfassendes Verständnis über unseren Charakter entwickeln wir erst, wenn wir uns die Zeit nehmen, über die Menschen nachzudenken, mit denen wir als Kinder täglich zu tun hatten. Da jede enge

Beziehung uns dauerhaft beeinflusst, hilft die genaue Betrachtung der Geschwister beim Schärfen unseres Profils aus der Familienposition.

Der Altersabstand

Im Zuge der Familienplanung fragen Eltern oft nach dem »optimalen« Altersabstand zwischen Kindern. Ich empfehle in solchen Fällen den Abstand, mit dem die Eltern selbst am glücklichsten sind – jede Altersdifferenz hat ihre speziellen Vor- und Nachteile. Der einzige Faktor, der die positiven und die negativen Seiten gegeneinander aufwiegt, ist die Einstellung der Eltern zu den jeweiligen Altersabständen. Manche Eltern stöhnen vielleicht über einen Abstand von fünf Jahren, weil die völlig unterschiedlichen Bedürfnisse ihrer Kinder ihnen doppelte Arbeit machen, während andere über genau diese fünf Jahre glücklich sind, weil sie sich gerade aufgrund dieser unterschiedlichen Bedürfnisse jeweils voll auf das eine oder andere Kind einlassen können. Ebenso werden manche Eltern ein ungeplantes Kind nur 13 Monate nach Geburt des vorherigen als entsetzlich empfinden, weil beide Kinder oft gleichzeitig Bedürfnisse haben (besonders nachts), während andere mit dem geringen Abstand mehr als zufrieden sind, weil man so vieles »in einem Aufwasch« erledigen kann.

Im Hinblick auf den optimalen Altersabstand ist

die Einstellung der Eltern der wichtigste Faktor. Deshalb können wir davon ausgehen, dass die Haltung Ihrer Eltern zum Abstand zwischen Ihnen und Ihren Geschwistern ausschlaggebend dafür ist, ob Sie diesen Abstand als »gut« oder »schlecht« ansehen.

Erziehungstipp: Das Positive betonen

Unabhängig vom Altersabstand Ihrer Kinder sollten Sie den Blick immer auf das Positive daran lenken und dies betonen. So könnten Sie zum Beispiel erwähnen, wie schön es ist, dass Ihr Mittlerer deutlich älter ist als seine kleine Schwester, weil er ihr dadurch schon bei so vielen Dingen helfen kann. Oder Sie sagen zu Ihren beiden Töchtern, die kurz nacheinander zur Welt kamen, dass es wirklich praktisch ist, dass sie so lange auf derselben Schule sind. Auf solche Bemerkungen sollten Sie auch dann achten, wenn der Abstand nicht so beabsichtigt war, oder wenn er zwar geplant war, sich aber dann doch als problematisch herausstellte. Auf diese Weise wird sich jedes Kind als etwas Besonderes und Erwünschtes fühlen.

Bei einem geringen Altersabstand (weniger als zwei Jahre) hatten Sie in der Kindheit die meiste Zeit einen

Spielkameraden und Gefährten, weil sich die Entwicklungsstadien und Interessen immer wieder überlappten. Das ältere Kind fühlte sich in diesem Fall nicht so leicht »entthront« und dürfte weniger eifersüchtig auf den neuen Bruder oder die neue Schwester gewesen sein – zumindest im Rückblick –, denn es wird sich kaum noch an den Zeitpunkt erinnern können, an dem die exklusive Aufmerksamkeit der Eltern verloren ging.

Ein kurzer zeitlicher Abstand zu den Geschwistern bedeutet aber auch, dass mindestens zwei Kinder zur selben Zeit ungefähr die gleichen Bedürfnisse haben, was den Wettbewerb und die Rivalität zwischen ihnen anstachelt. Die Kindheit ist dann eher von Streitereien und Eifersucht geprägt.

Ein Abstand von viereinhalb Jahren (oder mehr) ist in der Regel so groß, dass die Bedürfnisse der Geschwister sich kaum noch überschneiden. In diesen Fällen müssen Kinder weniger um die Gunst und die Aufmerksamkeit der Eltern buhlen. Der größere Abstand erhöht auch die Chance, dass das jüngere Kind als weiteres »Erstgeborenes« angesehen und von entsprechend hohen Erwartungen und elterlicher Aufmerksamkeit begleitet wird. Das gilt besonders, wenn nach einem Bruder eine Schwester folgt oder umgekehrt. Der Vorteil eines »zweiten Erstgeborenen« ist, dass das Kind alle positiven Seiten der Erstgeborenensituation genießt, ohne zugleich die Atmosphäre erhöhter Sorge zu erleben, in der die meisten Erstgeborenen aufwachsen. Denn inzwischen haben die Eltern mehr Erfahrung im Umgang mit Säuglingen und Kindern, reagieren entspannter und gehen mit dem neuen Kind geschickter um.

Wie sich alle Altersspannen zwischen zwei und vier Jahren auswirken, hängt weitgehend von der Perspektive in der Familie ab, also davon, ob der Abstand dort als groß oder klein angesehen wird. Mit anderen Worten: Der gleiche Abstand kann von Familie zu Familie eine ganz unterschiedliche Erfahrung hervorbringen.

Meiner Beobachtung nach entstehen die stärksten und tragfähigsten Freundschaften zwischen Geschwistern, die sich altersmäßig sehr nahe stehen, selbst wenn – und ich gehe hier noch weiter und sage *besonders wenn* – sie als Kinder viel gestritten und gewetteifert haben. Je häufiger wir gemeinsam intensive Gefühle erleben, desto näher fühlen wir uns dieser Person und desto besser glauben wir sie zu kennen, und zwar auch wenn diese Gefühle nicht positiv sind. Darum fühlen wir uns auch Personen umso näher, je mehr Konflikte wir mit ihnen ausgetragen haben. Wer also annähernd gleichaltrige Geschwister hatte, wird als Erwachsener vielfach von engen, anhaltenden Freundschaften mit diesen Geschwistern profitieren.

Auch Geschwister mit größerem Altersabstand können einander später näherkommen, doch eine solche Beziehung unterscheidet sich von der zu denen, die ungefähr im gleichen Alter waren. Bei einer großen Lücke entspricht das Verhältnis eher dem zwischen demjenigen, der sich um andere kümmert, und demjenigen, der versorgt wird, also nahezu einer Eltern-Kind-Beziehung. Das jüngere Kind fühlt sich sicher und wird von dem älteren betreut, während das ältere sich stark und gebraucht fühlt.

Ein geringer Abstand ermuntert beide Geschwister, gewisse Eigenschaften der Sandwichposition zu entwickeln, weil beide lernen müssen, die elterliche Aufmerksamkeit und materielle Güter zu teilen. Ein größerer Abstand führt besonders zwischen Bruder und Schwester dazu, dass beide wie Erstgeborene aufwachsen. Dabei erwirbt speziell das jüngere Kind die positiven Eigenschaften eines Erstgeborenen, ohne aber so ängstlich oder eifersüchtig zu werden wie »echte« Erstgeborene.

Das Geschlecht

Selbst wenn Eltern sich große Mühe geben, werden sie ihre Söhne anders behandeln als ihre Töchter und verschiedene Erwartungen an sie hegen. Eltern sind zudem von Natur aus sehr glücklich, wenn das erste Kind des anderen Geschlechts zur Welt kommt, und werden dieses Kind in vielerlei Hinsicht als ein weiteres Erstgeborenes betrachten. Auch wenn es in einer Familie mehr als zwei Kinder gibt und nur eines von einem anderen Geschlecht ist, wird dieses eine anders behandelt werden und mehr Aufmerksamkeit erhalten als seine Geschwister.

Daher leuchtet ein, dass die Geschlechterverteilung innerhalb der Geschwistergruppe die Art und Weise, wie jeder Einzelne in der Familie behandelt wird, beeinflusst und dass Eltern ihren einzigen Sohn oder die einzige Tochter mehr im Auge haben – was wiederum gut oder schlecht sein kann! Wenn der einzige Sohn der Familie zudem auch der Jüngste ist, wurde er möglicherweise von den vielen Frauen in seinem Umfeld verwöhnt und verhätschelt und erwartet als Erwachsener, dass alle Frauen ihm derart aufwarten. Ein Erstgeborener hingegen, welcher der einzige Sohn blieb, könnte unter starkem Druck stehen, erfolgreich zu werden, besonders wenn die Eltern glaubten, dass die berufliche Karriere von Männern wichtiger sei als die von Frauen.

Das Geschlecht kann sich aber auch noch auf andere Weise stark auswirken. Zwei Brüder oder zwei Schwestern werden eher miteinander wetteifern, insbesondere im Falle eines geringen Altersabstands. Ein Junge, der mit einer Schwester aufwächst, wird wohl weniger mit dieser in Konkurrenz treten, als einer, der einen Bruder hatte.

Bestimmte Kombinationen lassen den Altersabstand

zwischen den Geschwistern sozusagen schrumpfen und stärken die Geschwisterrivalität. Diese Aussage gilt vor allem für die Kombination aus Junge und Mädchen. Da Mädchen gerade sprachlich rascher heranreifen als Jungen, stellt ein älterer Bruder mit einer jüngeren Schwester vielleicht fest, dass die Kleine früh sprachlich (wenn auch nicht sozial) kompetenter und reifer ist als er selbst. So etwas erhöht zweifellos den Konkurrenzdruck seitens der Schwester und schwächt das Selbstbewusstsein des Bruders, der sich unterlegen fühlt.

Falls in einer Familie sowohl Brüder als auch Schwestern vertreten sind, scheinen die geschlechtsspezifischen Eigenschaften der einen Gruppe auf die andere abzufärben. Frauen mit vielen Brüdern geben sich häufig burschikos, während Männer mit vielen Schwestern sich eher um andere kümmern und Gefühle sensibler wahrnehmen als andere Männer.

Die Anzahl der Kinder in der Familie

Je kinderreicher die Familie, desto größer ist das soziale Geschick jedes einzelnen und desto besser kommen alle Beteiligten im Zweifelsfall mit anderen aus. Das entspricht allgemeinen Beobachtungen sowie dem gesunden Menschenverstand. Die Kehrseite der Medaille ist, dass die Eltern in kinderreichen Familien weniger Zeit für jeden Einzelnen hatten und deshalb kaum jemand davon ausgehen konnte, dass seine Bedürfnisse prompt erfüllt wurden. Daher erwarten Menschen, die in größeren Familien (mit vier oder mehr Kindern) aufgewachsen sind, und hiervon insbesondere die Mittleren, seltener als andere, dass jemand sich um ihre persönlichen Bedürfnisse und Wünsche kümmert. Das macht die Betroffenen allerdings nicht zwangsläufig traurig und hoffnungslos. Wenn ihre Anliegen nicht ohne weiteres aufgenommen werden, lenken sie bereitwilliger ein als Menschen aus kleineren Familien, deren Bitten eher Gehör fanden und erfüllt wurden.

Wie zu erwarten, fühlen sich Kinder aus größeren Familien in ihrer eigenen Generation meist am wohlsten. Bei den Mittleren und Jüngsten, die sich wie ihre Altersgenossen aus kleineren Familien ohnehin gern unter Gleichaltrigen bewegen, spielt das keine große Rolle, aber bei den Erstgeborenen wird dadurch die Neigung abgefedert, sich an Älteren zu orientieren. Deshalb freunden sich die Ältesten aus großen Familien genauso gern mit Gleichaltrigen wie mit Älteren an, während Erstgeborene aus kleinen Familien lieber ältere Freunde wählen. Unter Gleichaltrigen übernehmen solche Erstgeborenen lieber die Führung, als sich führen zu lassen.

Ein weiteres Merkmal großer Familien haben wir bereits im Abschnitt zum Geschlecht besprochen: Je mehr Kinder einer Familie dasselbe Geschlecht aufweisen, desto eher werden sie sich geschlechtskonform verhalten. Darum wird eine Frau, die in einer Familie mit fünf Mädchen aufgewachsen ist, sich eher »typisch weiblich« verhalten und auch so denken und fühlen, als wenn sie mit zwei Brüdern und zwei Schwestern groß geworden wäre.

Zwillinge, Drillinge oder noch mehr Kinder

Zum Einfluss der Geburtsposition auf Zwillinge existieren widersprüchliche Meinungen. Einerseits geht man davon aus, dass ein Zwilling in die Rolle des Erstgeborenen schlüpft, während der andere sich wie ein Nesthäkchen verhält. Dieser »Befund« basiert allerdings weitgehend auf Anekdoten, und man findet mit Leichtigkeit zahllose Ausnahmen und »vertauschte Rollen«.

Das wichtigste Merkmal von Zwillingen und anderen Mehrlingen ist meiner Ansicht nach, dass sie von Anfang an versuchen, sich voneinander zu unterscheiden. Nur darauf kommt es an, und wenn man diese Aussage auf das Darwin'sche Divergenzprinzip (siehe Seite 62, Kapitel 2, *Sandwichkinder*) bezieht, ist der Grund leicht nachvollziehbar.

Zwei Menschen, die praktisch gleichzeitig zur Welt kamen, haben immer wieder zur selben Zeit die gleichen Bedürfnisse. Wenn sie zudem noch gleich aussehen, muss jeder sich große Mühe geben (viel mehr als im Wettstreit mit anderen Geschwistern!), sich vom anderen Zwilling abzuheben und die Eltern auf die ganz persönlichen Wünsche aufmerksam zu machen. Wenn Vater und Mutter immer nur auf »die Zwillinge« reagieren, werden zwar wahrscheinlich beide gleich behandelt, aber jeder nur mit halber Aufmerksamkeit. Das reicht vielleicht nicht aus und ist in jedem Fall unerwünscht.

Deshalb hegen die meisten Zwillinge von Anfang an den starken Wunsch, sich in jeder erdenklichen Weise von ihrem Bruder oder ihrer Schwester zu unterscheiden. Im Vergleich zum »Zwillingseinfluss« gerät die sonstige Familienposition dabei stark in den Hintergrund.

Dieser Schilderung haben Sie wahrscheinlich bereits entnommen, warum Eltern schlecht beraten sind, wenn sie ihre Zwillinge als Einheit behandeln. Jeder Mensch ist einzigartig, und selbst wenn wir genetisch mit einem anderen identisch sind, erleben zwei Personen, die zum selben Zeitpunkt genau demselben Ereignis ausgesetzt sind, dieses unterschiedlich und reagieren auch unterschiedlich darauf.

Trotz des überaus großen Drangs, sich als Zwilling vom anderen Zwilling unterscheiden zu wollen, wächst zwischen Zwillingen normalerweise jedoch auch eine extrem starke Bindung. Das liegt nicht nur an der vielen Zeit, die sie miteinander verbringen, sondern auch daran, dass sie so intensiv um die elterliche Aufmerksamkeit wetteifern müssen. Wie bei allen Geschwisterpaaren ist dieses Band bei Erwachsenen umso stärker, je intensiver die Beziehung in der Kindheit war – ob im positiven oder im negativen Sinne.

Erziehungstipp: Kinder als Individuen betrachten

Wenn Sie Zwillinge, Drillinge oder andere Kinder im gleichen Alter aufziehen, sollten Sie sich stets bemühen, die jeweils einzigartigen Fähigkeiten – das, was ein Kind von seinen Geschwistern unterscheidet – zu beachten und zu loben. Sprechen Sie möglichst nicht kollektiv von »den Zwillingen« oder »den Drillingen«, sondern versuchen Sie, jedem Kind zu helfen, sich durch Kleidung und sonstiges Äußeres von den anderen so abzuheben, dass seine besten Seiten betont werden. Kinder haben ein immenses Bedürfnis, anders zu sein als ihre Geschwister (je kleiner sie sind, desto mehr), und entwickeln sich besser, wenn man dies zulässt. Deshalb mag es zwar eine große Versuchung sein, bei Zwillingen die Ähnlichkeiten zu betonen, doch ist es wichtiger, wie bei jedem anderen Kind auch, die individuellen Stärken hervorzuheben.

Zwillinge (und Drillinge oder Vierlinge umso mehr) üben einen massiven Einfluss auf eventuelle weitere Geschwister aus, insbesondere auf diejenigen, die altersmäßig unmittelbar über oder unter ihnen stehen. Mehrlingsgeburten sind heutzutage zwar häufiger geworden – vermutlich, weil viele Frauen ihre Kinder später bekommen und vielleicht auch wegen des vermehrten Einsatzes von Hormonbehandlungen zur Steigerung der Fruchtbarkeit –, aber sie sind immer noch selten genug, um besonderes Interesse zu wecken. Deshalb ziehen diese Kinder mehr Aufmerksamkeit auf sich als ihre Geschwister, so dass Letztere sich leicht vernachlässigt vorkommen – sie sind weder etwas Besonderes noch wichtig. Solche Geschwister neigen leicht zu Selbstzweifeln oder sind überaus ehrgeizig, um doch noch die Aufmerksamkeit und den Zuspruch zu erhalten, die sie sich erhofft hatten, aber nie erhielten. Manchen fällt es ihr Leben lang schwer, ihre Eifersucht zu beherrschen. Das gilt umso mehr, wenn andere in ihrem Umfeld besonders hervorgehoben und gelobt werden.

Fallstudie: Richard

Richard war sieben Jahre alt, als seine Mutter Sarah mich aufsuchte. Ihren Worten nach war er bis zum Alter von sechs ein »Vorzeigekind« gewesen. Er galt als der klügste Schüler seiner Klasse und war bei jedermann beliebt. Im letzten halben Jahr hatte sich sein Verhalten zu Hause wie in der Schule jedoch rapide verschlechtert. Wie aus heiterem Himmel bekam er Wutausbrüche oder begann, hemmungslos zu weinen. Berichten der Lehrer zufolge schikanierte er in den Pausen immer wieder Kinder, vor allem Mädchen.

Vor acht Monaten hatte Sarah Zwillinge zur Welt gebracht, zwei Mädchen. Da sie befürchtet hatte, dass Richard sich vernachlässigt fühlen könnte, hatte sie extra ein Au-pair-Mädchen eingestellt, das vor allem sicherstellen sollte, dass Richard auch weiterhin viel Aufmerksamkeit erhielt. Sie war davon ausgegangen, dass Richard weiterhin eine Sonderstellung innehaben würde, weil er nach wie vor der einzige Junge war.

Im Laufe unserer Gespräche wurde Sarah bewusst, dass es zwar durchaus klug gewesen war, für die Phase, in der sie alle Hände voll mit den Zwillingen zu tun hatte, jemanden einzustellen, dass diese Hilfe jedoch nicht ausreichte. Sie erkannte, dass Richard nicht nach allgemeiner Aufmerksamkeit, sondern nach der seiner Eltern hungerte. Außerdem verstand sie, dass er zwar wütend auf seine kleinen Schwestern war, aber seine Eltern nicht verärgern wollte, die ja offensichtlich sehr an den beiden hingen. Daher ließ er seine Wut lieber an seinen Mitschülerinnen aus als an den Zwillingen.

Sarah fand eine ganz einfache Lösung: Sie bat ihr Au-pair-Mädchen, mehr von der Babypflege zu übernehmen, damit sie und ihr Mann täglich Zeit mit Richard verbringen konnten. Daraufhin ließ er die anderen Kinder in Ruhe, zeigte sich in der Schule wieder von seiner besten Seite und war insgesamt viel glücklicher als zuvor.

Geschwister mit besonderen Bedürfnissen

Ein behindertes Familienmitglied benötigt selbstverständlich besondere Zuwendung und Aufmerksamkeit. In Bezug auf die Geschwisterposition vertreten manche Psychologen die Theorie, dass das behinderte Kind in jeder Hinsicht ein »funktionelles Nesthäkchen« sei.

Meiner Erfahrung nach gibt es dafür keine ausreichenden Belege. Der Charakter eines Kindes mit besonderen Bedürfnissen wird weitaus mehr von seiner speziellen Behinderung, der Art und Weise seiner Versorgung und den Einstellungen seiner Bezugspersonen zu seiner Behinderung geprägt. Diese Faktoren sind viel wichtiger als die individuelle Position in der Familie.

Autistische Kinder oder solche mit Asperger-Syndrom sind beispielsweise menschenscheu und möchten keineswegs ins Zentrum der Aufmerksamkeit gerückt werden. Die meisten bevorzugen so wenig soziale Interaktion wie möglich, und das gilt auch für Nesthäkchen, obwohl diese normalerweise gerne das Rampenlicht suchen.

Ein anderes Beispiel sind Kinder mit körperlichen Behinderungen. Sie wissen, dass sie sich mehr anstrengen müssen als andere, um ein »normales« Leben zu führen. Wenn sie von liebevollen Eltern lernen, dass sie dieselben Rechte und Vorrechte haben wie jeder andere auch, und von gesunden Geschwistern umgeben sind, die eine gute Orientierungsmöglichkeit bieten, entwickeln solche Kinder vielfach eine enorme Zielstrebigkeit und eine große Selbstsicherheit, die eher an ein Einzelkind erinnern. Darum bin ich der Überzeugung, dass bei behinderten Menschen der Geburtsposition allein nur wenig Aussagekraft zukommt.

Ein chronisch behindertes Kind hat allerdings einen starken Einfluss auf seine Geschwister. Die Brüder und Schwestern eines Menschen mit besonderen Bedürfnissen verhalten sich meist besonders fürsorglich, umsichtig und verantwortungsbewusst und ähneln in dieser Hinsicht eher Erstgeborenen. Andererseits weisen sie auch gewisse Züge von Sandwichkindern auf, weil sie gern für Benachteiligte Partei ergreifen. Darüber hinaus nehmen sie die Bedürfnisse anderer sehr rasch wahr und treten beiseite, damit diesen Bedürfnissen Vorrang gebühren kann.

Fallstudie: Anna

Annas Fall ist ein gutes Beispiel dafür, wie die Eigenschaften der Geburtsposition mitunter durch andere Erfahrungen überlagert und abgewandelt werden.

Anna wurde mit der Diagnose »chronischer Stress, Erschöpfung und Depressionen« an mich überwiesen. Sie war Anwältin in einer kleinen Kanzlei, in der sie sehr viel arbeitete und von ihren Kollegen hoch geschätzt wurde. Anna war dafür bekannt, auch scheinbar hoffnungslose Fälle zu übernehmen, und war sehr erfolgreich darin, den betroffenen Menschen die nötige Hilfe oder den gewünschten Schadensersatz zu verschaffen.

Von diesen Erfolgen und dem Respekt, den andere vor ihr hegten, erfuhr ich jedoch nur durch hartnäckiges Nachfragen. Anna erzählte mir nämlich, dass sie sich als »eine echte Enttäuschung« sähe, weil es ihr nicht gelungen war, einen Job bei der angesehensten Kanzlei der Gegend zu ergattern. Außerdem berichtete sie mir von sich aus, dass sie nicht an der Universität ihrer Wahl, die auch ihre Eltern einst besucht hatten, aufgenommen worden war.

Als ich sie fragte, was sie an ihrer Arbeit liebte, reagierte Anna zum ersten Mal lebhafter und voller Begeisterung. Ohne jeden Zweifel machte es ihr am meisten Spaß, denen zu helfen, die andere als »hoffnungslos« bezeichneten. Für Anna stellte es die größte Befriedigung dar, wenn jemand wieder optimistisch in die Zukunft blickte, nachdem sie ihm zum Sieg verholfen hatte.

Nach diesem Gespräch vermutete ich, dass Anna entweder eine Erstgeborene sein musste (wegen ihres Ehrgeizes und dem Versuch, in Bereichen erfolgreich zu sein, die auch ihren Eltern gefallen dürften) oder eine Mittlere (wegen ihres Bestrebens, sich für weniger Privilegierte einzusetzen). Stattdessen stellte sich jedoch heraus, dass sie das vierte Kind war – das Nesthäkchen und einzige Mädchen in der Familie. Ihr älterer Bruder war ebenfalls Anwalt, doch sie sahen sich nur selten, weil er in Neuseeland lebte. Zwischen ihr und dem großen Bruder standen Zwillinge, die beide an Zerebralparese (spastischen und anderen Symptomen aufgrund eines Gehirnschadens) gelitten hatten. Schon als Kind hatte Anna ihren Eltern regelmäßig bei der Pflege ihrer Brüder geholfen. Offenkundig hatte die Existenz der behinderten Zwillingsbrüder dazu geführt, dass Anna irgendwann davon überzeugt war, nur etwas wert zu sein, wenn sie sich für andere aufopferte und ihre eigenen Bedürfnisse zurückstellte. Das lag zum Teil daran, dass dies ihre gewohnte Rolle war, zum Teil aber auch daran, dass sie sich Bestätigung von anderen erhoffte, weil sie von ihren Eltern nicht ausreichend Zuspruch erhalten hatte.

Der Tod eines Bruders oder einer Schwester

Verständlicherweise beeinflusst der Tod eines Kindes eine Familie nachhaltig. Nach dem anfänglichen, überwältigenden Leid und der Trauer, die mit dem Tod eines geliebten Menschen einhergeht, denkt man an glücklichere Zeiten mit diesem Menschen zurück und konzentriert sich ganz auf seine besten Seiten, während man die Fehler lieber übersieht. Wenn Eltern nach dem Verlust eines Kindes so reagieren, kann sich diese selektive Wahrnehmung auf alle anderen Familienmitglieder auswirken. Ein Bruder oder eine Schwester, die starben, als Sie noch klein waren, weckte bei Ihnen vielleicht das Gefühl, dass Sie es kaum jemandem gleichtun konnten, der in den Augen der Eltern immer perfekter wurde, je mehr Zeit verstrich.

Für die Geschwister eines toten Kindes kann der Versuch, so »lieb« zu sein wie das idealisierte Kind, das keine Fehler mehr machen kann, niederschmetternd enden. Diese Erfahrung bringt unter Umständen großen Ehrgeiz hervor, der nur dazu dient, die Eltern auf sich aufmerksam zu machen und endlich die heiß ersehnte Anerkennung zu erhalten. Zufriedenheit oder Selbstvertrauen erwachsen daraus jedoch nicht.

Wie ein einziger Moment den Charakter verändern kann

Wie bereits erwähnt, kann mitunter ein einziger Moment das ganze Leben verändern. Solche Momente kommen in völlig unterschiedlicher Gestalt daher. Hier folgt ein Beispiel für einen schicksalhaften Augenblick, der mit dem Tod einer Schwester zusammenhing:

Es war ein ganz normaler Wochentag. Gina wollte gerade zur Arbeit gehen, als das Telefon klingelte. Ihre Mutter war am Apparat. Sie schluchzte hysterisch, und Gina konnte kaum ein Wort verstehen – ihre Mutter berichtete irgendetwas über Flugzeuge, die in New York in Gebäude flogen.

… New York. In diesem Moment brach für Gina die Welt zusammen. Eine ihrer drei älteren Schwestern, diejenige, die ihr altersmäßig am nächsten stand, war vor einem Jahr nach New York gezogen, um dort einen Job in der Werbebranche anzunehmen. Ihr Entschluss hatte Gina enorm motiviert, die nun ihrerseits hoffte, einen Arbeitsplatz in New York zu finden, um ihrer Schwester wieder näher zu sein.

Die folgenden fünf Minuten haben sich für immer

in Ginas Gedächtnis eingebrannt. Sie weiß noch ganz genau, wie sie den Fernseher einschaltete und auf Anhieb erfasste, was geschehen war – und wie es ihr eiskalt den Rücken hinunterlief, als sie begriff, dass ihre Schwester mit an Sicherheit grenzender Wahrscheinlichkeit tot war.

Von diesem Tag an veränderte sich Gina. Aus dem abenteuerlustigen und impulsiven Wildfang wurde eine ängstliche, besorgte junge Frau, die vor allem Neuen oder Unkonventionellen zurückscheute. Damit legte sie auf einen Schlag viele Eigenschaften des Nesthäkchens ab.

Ein weiteres Problem, das im Zusammenhang mit dem Tod eines Bruders oder einer Schwester auftritt, ist, dass die Geschwister sich unter Umständen dafür verantwortlich fühlen. Kinder unter fünf Jahren halten sich für mächtiger, als sie tatsächlich sind, und können sich nur schwer vorstellen, dass etwas unabhängig von ihren Wünschen und Taten geschieht. Eifersucht unter Geschwistern ist etwas ganz Normales, und dass die Geschwister eines kranken Kindes besonders eifersüchtig sind, weil dieses Kind – wahrscheinlich auf ihre Kosten – so viel zusätzliche Aufmerksamkeit von den Eltern erhält, ist ebenfalls normal. Wenn dieses Kind dann stirbt, haben die Ge-

schwister vielleicht das Gefühl, seinen Tod herbei-
beschworen zu haben, indem sie sich wünschten, das
kranke Kind wäre aus dem Weg. Einem Erwachsenen
erscheint so ein Gedankengang absurd, aber kleine
Kinder glauben gern, dass sie etwas bewirkt haben,
weil sie es sich gewünscht haben.

Nach einer Weile sieht es dann so aus, als hätte
die Familie den Tod des Kindes verkraftet, aber die
Schuldgefühle der Geschwister können weiterhin an-
halten, weil sie so tief im Unterbewusstsein verwurzelt
sind. Betroffene Kinder versuchen später als Erwachsene oft, ihre eigene Familie maßlos zu beschützen,
und sobald etwas schiefläuft, übernehmen sie automatisch die Verantwortung und werden von Schuldgefühlen übermannt. Man kann derartige Denk- und
Verhaltensmuster überwinden, doch dazu ist professionelle Hilfe erforderlich, welche die Erinnerungen
und Trugschlüsse aus der Kindheit auf einfühlsame
Weise bewusst macht und dabei hilft, sie in einem
neuen Licht zu betrachten.

Fallstudie: Vic

Mit 46 Jahren erlitt Vic einen Herzinfarkt. Nach seiner
Genesung verordnete ihm sein Arzt Entspannungs- und
Meditationsübungen. Vic leitete ein expandierendes
Unternehmen, arbeitete sehr viel (ein 14-Stunden-Tag

war für ihn nichts Außergewöhnliches) und nahm nur selten, wenn überhaupt, den ihm zustehenden Urlaub. Er war verheiratet und hatte zwei halbwüchsige Kinder. Seine Frau und er hatten sich schon zweimal getrennt, weil sie ihn viel zu wenig zu Gesicht bekam.

Vics enormer, unstillbarer Antrieb war nicht der eines Erstgeborenen mit übertriebenem Erfolgsstreben. Vic war vielmehr der jüngere von zwei Brüdern, und sein Drang, möglichst viel zu leisten, wurde nachvollziehbarer, als er mir von seiner Kindheit erzählte.

Seine Eltern beschrieb er als »traditionell, streng und ein wenig altmodisch«. Vics einziger Bruder James war vier Jahre älter gewesen als er. Für Vic war dieser Bruder »schlauer, sportlicher – na ja, einfach besser – gewesen als ich«. Angeblich hätte er immer gewusst, dass seine Eltern James lieber hatten. James kam mit 16 bei einem Autounfall ums Leben, und Vic sagte, seine Eltern hätten diesen Verlust nie verwunden. Dann fügte er hinzu, dass schon vor und auf jeden Fall nach James' Tod nichts, was er je erreicht hätte, seine Eltern zu berühren schien. Im Zentrum von Vics Rastlosigkeit stand also sein nie erfüllter Wunsch, von seinen Eltern beachtet und anerkannt zu werden.

Zusammenfassung: Der Einfluss der Geschwister auf den Charakter je nach Familienposition

Ich hoffe, dieses Kapitel hat dazu beigetragen, dass Sie jetzt besser nachvollziehen können, wie die persönlichen Eigenschaften mit der eigenen Position in der Familie zusammenhängen. Wenn Sie an Ihre Geschwister und die Beziehungen zu ihnen denken, sollte es Ihnen nun möglich sein, besser zu verstehen, warum die »typischen« Eigenschaften der Geburtsposition bei Ihnen vielleicht nicht so gut passen und warum Sie eventuell den einen oder anderen Charakterzug aufweisen, der normalerweise eher bei anderen Positionen zu erwarten wäre.

Im folgenden Kapitel werfen wir einen Blick auf die Auswirkungen, die Trennung, Scheidung und Wiederheirat auf eine Familie sowie auf den eigenen Charakter haben können.

7. Brüche in der Familienbiografie

In Kapitel 5, *Die Eltern,* haben wir uns mit dem erheblichen Einfluss der Eltern auf die Charakterentwicklung beschäftigt. Dieser Einfluss ist letztlich von so zentraler Bedeutung, weil die Erziehungsmethoden der Eltern den Charakter der Kinder mehr prägen als jeder andere Faktor. Deshalb sollten wir uns damit beschäftigen, welche großen Veränderungen im Leben Ihrer Eltern die Art und Weise Ihrer Erziehung beeinflusst haben könnten.

Teilweise haben wir dieses Thema bereits in Kapitel 5 angesprochen, als es darum ging, wie sich Depressionen oder Verlusterlebnisse der Eltern auf ihre Fähigkeiten in der Kindererziehung auswirken. Jetzt wollen wir uns jedoch vom Innenleben der Eltern (ihren Befindlichkeiten und ihrer Einstellung zum Leben) abwenden und äußere Veränderungen betrachten: Umzug, Trennung und Scheidung, ein neuer Partner und eventuell Stiefgeschwister sind einige der Punkte, die wir in Bezug auf die Familienposition näher beleuchten wollen. Dabei geht es auch um andere Veränderungen, die eine neue Familienkonstellation nach sich ziehen, beispielsweise die Rückkehr erwachsener Geschwister oder die Aufnahme alter oder kranker Verwandter in den Haushalt, und die Auswirkungen solcher Ereignisse auf die Kinder der Familie.

Umzug

Veränderungen fallen niemandem leicht. Ein Umzug gilt als einer der größten Stressfaktoren überhaupt. Die Auswirkungen eines Wohnungswechsels auf den Charakter haben allerdings mehr mit den Gründen für diesen Umzug zu tun als mit dem Wegziehen an sich.

Wenn die Familie beispielsweise umziehen musste, weil einer oder beide Elternteile ihre Arbeitsstelle verloren hatten, dürfte die negative Einstellung zu diesem Ereignis zweifellos alle Beteiligten belastet haben. Das könnte der gesamten Familie die Anpassung an die neue Umgebung erschwert haben, besonders wenn alle Familienmitglieder das Gefühl hatten, sie seien nur gezwungenermaßen an einen anderen Ort gezogen. Vor allem ein ältester Bruder oder eine älteste Schwester reagiert in solchen Fällen oft besonders besorgt und fühlt sich für die Reaktionen der jüngeren Kinder der Familie übermäßig verantwortlich. Noch wahrscheinlicher wird eine derartige Reaktion, wenn einer oder beide Eltern infolge ihrer Arbeitslosigkeit an einer Depression erkranken. Insgesamt bekommt das Selbstbewusstsein aller Familienmitglieder einen Knacks, und jeder, der vorher optimistisch oder einigermaßen sorgenfrei in die Zukunft gesehen hat, wird nach einem solchen erzwungenen, unerwünschten Umbruch um einiges gehemmter reagieren.

Manche Umzüge haben jedoch auch positive Gründe: Die Familie hat vielleicht ein Haus geerbt, oder ein Elternteil hat in der Stadt, in der er schon immer leben wollte, einen Job gefunden. Unter solchen Bedingungen verläuft der Einstand natürlich positiver. Manch einer sieht den Neubeginn auch als Chance, neue Freunde zu finden oder sich selbst in gewissem Umfang neu zu erfinden. Ich wette, inzwischen ahnen Sie bereits, dass dies besonders für die Jüngsten gilt. Das Nesthäkchen ist das Kind, das einen Umzug am ehesten als ein großes Abenteuer begreift.

Ein Umzug, für den es positive Gründe gab, stärkt die Bindungen zwischen allen Familienmitgliedern. Das liegt daran, dass wir uns den Menschen, mit denen wir etwas Ereignisreiches oder eine positive Veränderung durchlebt haben, näher fühlen.

Ein weiterer wichtiger Faktor ist das Alter zur Zeit des Umzugs. Grundsätzlich wird ein Kind einen Umzug umso kritischer betrachten, je älter es ist. Vor allem Jugendliche trennen sich nur ungern von ihren

Freunden, und es fällt ihnen schwerer, sich in eine neue, eingespielte Gruppe einzufügen. Das jüngste Kind, das von klein auf gelernt hat, zu teilen und Kompromisse einzugehen, hat viel mehr Übung darin, in neue Gruppen hineinzufinden.

Auch die Anzahl der Familienmitglieder beeinflusst, wie jeder Einzelne auf einen Umzug reagiert. Je größer die Familie, desto weniger einschüchternd wirkt ein Wohnortwechsel (vor allem, wenn die Geschwister altersmäßig nicht weit auseinanderliegen). Das liegt daran, dass jeder bereits Teil einer festen »Gruppe« (der eigenen Familie) ist, die sich – im Gegensatz zu Freundschaften und Nachbarn – durch den Umzug nicht verändert. Interessanterweise wirken sich Umzüge auch beim anderen Extrem, den Einzelkindern, nicht so stark aus, denn Einzelkinder bilden mit ihren Eltern eine relativ selbstbezogene Gruppe, der jegliche Einflüsse außerhalb der Kernfamilie weniger wichtig sind.

Die Anzahl der Umzüge während der Kindheit ist ein weiterer prägender Faktor für den Charakter. Je häufiger ein Kind umzieht, desto weniger wichtig werden ihm lange Freundschaften zu Gleichaltrigen. Wenn jemand nicht besonders extrovertiert oder selbstbewusst ist, verstärken mehrfache Umzüge das Gefühl der Isolation. Umgekehrt intensivieren Umzüge bei selbstbewussten Kindern praktisch immer das Gefühl, unabhängig zu sein und gut zurechtzukommen.

Wichtig ist obendrein, dass die Auswirkungen jedes Umzugs in erster Linie durch die Einstellung der Eltern bestimmt sind. Wenn sie ihre Kinder auf die Veränderung vorbereiten, die positiven Aspekte betonen (wie wenige das auch sein mögen) und anschließend die Bedürfnisse der Kinder im Blick behalten und ihnen so lange beistehen, bis sie sich an die neue Umgebung gewöhnt haben, profitieren in der Regel alle Geschwister von einem Umzug, und zwar unabhängig von der Familienposition. Das zeigt sich insbesondere in ausgeprägteren sozialen Fähigkeiten und einer verbesserten Anpassungsfähigkeit gegenüber Menschen, die nie die Herausforderungen eines Umzugs gemeistert haben.

Erziehungstipp: Umzug mit der Familie

Im Falle eines Umzugs sollten Sie die positiven Seiten in den Vordergrund stellen. Betonen Sie die Vorzüge und überlegen Sie, was Sie in diesem Zusammenhang erwähnen möchten, indem Sie die neue Umgebung zunächst durch die Augen der Kinder betrachten. Wenn Ihre Kinder sehen, dass Sie eine insgesamt positive Einstellung haben, werden sie sich voraussichtlich schnell an die neuen Lebensumstände anpassen.

Trennung und Scheidung der Eltern

Alle Kinder leiden darunter, wenn ihre Eltern sich trennen oder sich scheiden lassen. In den knapp 30 Jahren meiner Tätigkeit habe ich kein Kind kennen gelernt, das sich eine Trennung der Eltern gewünscht hat. Natürlich wollten viele, dass die Streitereien ein Ende haben, und manche sagten, sie seien viel glücklicher gewesen, nachdem die Trennung vollzogen war und die Lage sich beruhigt hatte. Dennoch will kein Kind, dass die Eltern auseinandergehen.

Das bedeutet jedoch nicht, dass jemand sich »um der Kinder willen« mit einer unglücklichen Ehe abfinden sollte, wenn er alles in seiner Macht Stehende getan hat, um die Situation zu verbessern, ohne dass die erhoffte Wende eingetreten ist. Kinder spüren anhaltendes Leid und Verzweiflung bei ihren Eltern, auch wenn diese versuchen, solche Gefühle vor ihnen zu verbergen. Auch das kann den Kindern Schaden zufügen.

Dennoch sollte man sich darüber im Klaren sein, wie sehr der Bruch zwischen den Eltern die Kinder erschüttert. Wenn eine Trennung oder Scheidung unausweichlich erscheint, müssen die Eltern sich bewusst machen, dass ihre Partnerbeziehung zwar offenbar beendet werden sollte, beide jedoch weiterhin Eltern bleiben. Dann wachsen die Kinder immerhin in dem Wissen auf, dass sie selbst unter den widrigsten Umständen geliebt wurden und liebenswert bleiben. Ich bin sicher, dass jeder, der als Kind eine Trennung oder Scheidung miterlebt hat, genau weiß, dass die Art, wie mit den Problemen umgegangen wurde, deutlich wichtiger war als das, was tatsächlich geschah.

Wenn Ihre Eltern sich scheiden ließen, anschließend aber ihre Elternrolle gemeinsam wahrnahmen, haben Sie ihnen viel zu verdanken. Wenn einer oder beide jedoch noch lange nach dem Bruch in Bitterkeit verharrte, sich unkooperativ verhielt und so die gemeinsame Elternschaft erschwerte, könnten Sie unter Umständen dazu neigen, überzureagieren, sobald Sie Streitereien miterleben oder in einen Streit verwickelt werden.

Man sollte keinesfalls aus dem Blick verlieren, dass ein Kind ein Abglanz von Vater *und* Mutter ist. Wenn also ein Elternteil dem Kind den Kontakt zum anderen Elternteil verweigert oder den anderen regelmäßig bloßstellt und kritisiert, fühlt sich auch das Kind angegriffen. Ein solches Verhalten führt bei ihm unweigerlich zu Gefühlen von Scham und Schuld und später vielfach auch zu Wut, weil das Kind in einem regelrechten Minenfeld festsaß, für das es nicht verantwortlich war.

Erziehungstipp: So wichtig ist der Kontakt

Man sollte sich stets darum bemühen, dem Kind Kontakt zu beiden Elternteilen zu gewähren. Falls zu befürchten steht, dass dieser Kontakt dem Kind schaden könnte, sollte der andere Elternteil dafür sorgen, dass über das Jugendamt ein »begleiteter Umgang« organisiert wird.

Fallstudie: Penny

Penny wurde von ihrem Arzt an mich überwiesen, da sie unter Depressionen litt. Sie war 31 und hatte gerade ihre vierte längere Beziehung hinter sich. Jetzt hatte sie keinerlei Energie mehr und war ständig den Tränen nahe. Ihr Arzt hatte sie einen Monat krankgeschrieben.

Pennys größtes Problem war in ihren Augen, dass sie nicht wusste, wie sie den »richtigen Mann« finden sollte. Sie war hübsch und kontaktfreudig, so dass sie auf Männer durchaus attraktiv wirkte. Allerdings fühlte sie sich von jedem, den sie kennen lernte, irgendwann im Stich gelassen. Deshalb hatte sie das Vertrauen in ihr eigenes Urteilsvermögen verloren und fragte sich allmählich, ob sie jemals jemanden finden würde, den sie wirklich lieben konnte.

Pennys Eltern hatten sich scheiden lassen, als sie neun Jahre alt war. Sie erinnerte sich, dass die Eltern ständig gestritten hatten. Irgendwann hatte ihr Vater sich dann in eine andere Frau verliebt. Die Mutter hatte ihrem Exmann nie vergeben. Sie zog vom alten Wohnort weg, so dass der Kontakt zwischen ihm und den Kindern erschwert war, und erfand regelmäßig Ausreden, warum Penny und ihre beiden kleinen Schwestern ihn an den »Papa-Wochenenden« nicht sehen konnten. Außerdem ließ sie vor den Kindern kein gutes Haar an ihm und redete ständig darüber, warum er ein so »schlechter Ehemann und nutzloser Vater« gewesen war.

Penny hatte ihren Vater abgöttisch geliebt. Er war immer nett zu ihr gewesen und hatte sich viel Zeit für sie genommen. Sie vermisste ihn sehr. Nach einer Weile begann sie jedoch, an ihren Erinnerungen zu zweifeln. Vielleicht redete sie sich ja nur ein, dass sie ihren Vater wiederhaben wollte, und sah ihn gar nicht so, wie er wirklich war? Irgendwann riss die Verbindung zu ihrem Vater ab.

Im Laufe unserer Therapiearbeit wurde Penny klar, dass sie ihre Sehnsucht nach ihrem Vater und ihre völlige Verwirrung auf ihre späteren Partnerschaften übertragen hatte. Natürlich konnte kein Partner dem Ideal gleichkommen, das sie sich im Geist geschaffen hatte. Und weil die ständigen Tiraden der Mutter so gar nicht zu ihren eigenen Erinnerungen passten, zweifelte Penny auch an ihrer Fähigkeit, andere Menschen richtig einzuschätzen.

Mit der Zeit lernte Penny, wie man die guten und weniger wünschenswerten Seiten anderer erkennt und akzeptiert. Auf dieser realistischeren Basis konnte sie nun entscheiden, ob sie jemanden näher kennen lernen wollte oder nicht. Außerdem nahm sie wieder Kontakt zu ihrem Vater auf, was beide gleichermaßen glücklich machte. Je besser sie ihn erneut kennen lernte, desto besser konnte sie ihre Kindheitserinnerungen einordnen und merkte, dass sie diesen letztlich ebenso vertrauen durfte wie ihrem Urteilsvermögen.

Die wichtigsten Auswirkungen einer Trennung

Auf welche Weise beeinflusst eine Trennung oder Scheidung der Eltern den Charakter eines Kindes? Welche Kinder sind am stärksten davon betroffen? Und unter welchen Umständen ist der Schaden am geringsten?

Alle Kinder, deren Eltern sich trennen, zweifeln daran, ob es so etwas wie »Und sie lebten glücklich bis an ihr Ende« überhaupt geben kann. Diese Aussage gilt unabhängig vom Platz in der Geschwisterreihe. Wenn Kinder aus betroffenen Familien selbst eine Beziehung eingehen, werden sie bezüglich ihrer eigenen Gefühle wie auch bezüglich derjenigen der Person, zu der sie sich hingezogen fühlen, weniger überzeugt sein als ohne diese Erfahrung. Häufig besteht eine Neigung zu Zynismus. Kinder, die sich während der Auseinandersetzungen der Eltern längere Zeit ungeliebt oder unwichtig vorkamen oder den gegengeschlechtlichen Elternteil nicht sehen durften, idealisieren die Menschen, in die sie sich verlieben, und stürzen sich voreilig in Beziehungen, die dann mit einer bitteren Enttäuschung enden können.

Ich habe beobachtet, dass Erstgeborene von der Trennung der Eltern am negativsten beeinflusst werden, weil im Zweifelsfall sie diejenigen sind, die sich um die anderen kümmern und das, was schiefläuft, »in Ordnung bringen« wollen. Wenn die Trennung dagegen mit möglichst wenig Feindseligkeit und Bitterkeit vollzogen wird und die Eltern auch anschließend zusammenarbeiten, gehen alle Kinder, besonders das älteste, mutiger daraus hervor.

Bei langwierigen Auseinandersetzungen und einer Trennung, die mit Schuldgefühlen und harter Kritik gespickt ist, reagieren nicht nur alle Kinder der Familie mit Angst (und später vielleicht auch mit Wut), sondern insbesondere das älteste wird anfälliger für Depressionen. Ein Mensch, der keinerlei Einfluss auf seine Situation hat, was auch immer er unternimmt, entwickelt ein Gefühl allgemeiner Hoffnungslosigkeit und die Überzeugung, dass es keinen Sinn hat, sich anzustrengen, wenn etwas schiefgeht. Diese Aussage gilt umso mehr, je länger die entsprechende Stresssituation anhält oder je häufiger sie sich wiederholt. Man spricht in diesem Zusammenhang von einem Konzept der »erlernten Hilflosigkeit«, das ein Individuum für Depressionen anfällig macht. Das Kind, das dem am stärksten kritisierten und gebrandmarkten Elternteil am ähnlichsten ist oder sich ihm besonders nahe fühlt, leidet bei einer Trennung am meisten unter seiner Hilflosigkeit und mangelndem Selbstwertgefühl.

Ein zweiter Faktor ist das Alter des Kindes zum Zeitpunkt der Trennung, aber auch zu dem Zeitpunkt, an dem Streit und Unentschlossenheit am intensivsten waren. Wir haben bereits darüber gesprochen, dass Kinder unter fünf Jahren glauben, sie selbst würden alles bewirken, was um sie herum geschieht. Wenn also die Eltern uneinig sind, fragen kleine Kinder sich, was sie wohl falsch gemacht haben. Kleinkindern muss man daher immer wieder versichern, dass sie an der Trennung nicht schuld sind, damit sie sich nicht irgendwann gewohnheitsmäßig die Schuld geben, wenn irgendetwas nicht wunschgemäß verläuft.

Andererseits gilt: Je kleiner das Kind zum Zeitpunkt der elterlichen Trennung ist, desto leichter kann es sich an die neue Situation anpassen. Für ältere Kinder und besonders für Jugendliche wird die Gruppe der Gleichaltrigen zum Dreh- und Angelpunkt. Deshalb wird alles, was ihren Status im Freundeskreis oder die gemeinsam verbrachte Zeit gefährden könnte, Angst und Trotz hervorrufen.

Familie Morgan

Geoff und Janet Morgan kamen wegen ihrer bevorstehenden Trennung zu mir. Sie waren in den letzten zwei Jahren bei drei Paarberatungen gewesen, hatten aber nach dem dritten Anlauf weiterhin nicht das Gefühl, dass irgendetwas besser geworden wäre. Deshalb hielten sie eine Trennung für unvermeidlich. Mich suchten sie auf, weil sie den Abschied für ihre drei Kinder Megan (15), Josh (sechs) und Peter (vier) möglichst schonend gestalten wollten.

Janet war immer Hausfrau gewesen, so dass beide davon ausgingen, dass alle drei Kinder bei der Mutter bleiben sollten. Sie wollte in ihre Heimatstadt zurückziehen, wo sie ihre Eltern in der Nähe haben würde.

Im Laufe unserer Gespräche wurde Geoff und Janet jedoch bewusst, dass es angesichts des großen Altersabstands zwischen Megan und ihren Brüdern wenig sinnvoll war, alle Kinder gleich zu behandeln. Megan hatte einen großen Freundeskreis und liebte ihre Schule, während die Jungs gerade erst eingeschult worden waren. Andererseits wussten Geoff und Janet, dass Megan als Erstgeborene großen Wert darauf legte, es ihren Eltern recht zu machen, und alles tun würde, was man von ihr verlangte.

Nach ausführlichen Überlegungen kamen sie überein, Megan die Wahl zu lassen: Sie dürfte bei ihrem Vater bleiben und müsste somit nicht die Schule wechseln, oder sie könnte mit der Mutter und den Brüdern umziehen. Janet wusste, dass Megan trotzdem engen Kontakt zur Mutter wünschen würde. Deshalb bot sie an, Megan jedes zweite Wochenende zu besuchen, damit die beiden Zeit miteinander verbringen konnten. Dieser Kompromiss erlaubte es Megan, das zu tun, was ihr am meisten entgegenkam: Sie blieb bei ihrem Vater und ihren Freunden, konnte aber auch ihre Mutter regelmäßig sehen.

Andere Auswirkungen der elterlichen Trennung

Die Veränderungen aufgrund einer Trennung oder Scheidung der Eltern können den kindlichen Charakter auch auf andere Weise beeinflussen. Fast immer kommt es bei allen Beteiligten zu finanziellen Einbußen. Beide Elternteile sehen sich gezwungen, in kleinere Häuser oder Wohnungen umzuziehen. Wenn ein Elternteil mit den Kindern in der bisherigen Umgebung bleibt, ist zumindest ein geringeres Einkommen vorhanden. Da die Eltern mehr arbeiten müssen, damit alle Bedürfnisse gestillt werden, nehmen die Kinder die angespannte finanzielle Situation für gewöhnlich deutlicher wahr und verlieren damit auch selbst ein Stück Unbefangenheit.

Natürlich können wir Menschen nicht klonen, um zu erforschen, wie sie sich wohl entwickelt hätten, wenn ihre Eltern zusammengeblieben wären. Insgesamt halte ich es jedoch für gesichert, dass Kinder, die eine Trennung der Eltern miterlebt haben, generell weniger unbeschwert sind. Allerdings können sie sich auch besser an Veränderungen anpassen. Außerdem gehe ich davon aus, dass Kinder, die anhaltenden häuslichen Auseinandersetzungen ausgesetzt waren, weniger optimistisch sind und vermehrt zu Depressionen neigen. Auch dies betrifft zwar alle Familienmitglieder, doch die Erstgeborenen leiden in der Regel am meisten, weil sie sich stärker für die anderen verantwortlich fühlen.

Eine andere Folge der Trennung ist, dass die beteiligten Kinder anschließend fast immer einen Elternteil seltener sehen als den anderen. Das bedeutet, dass ihnen eines der beiden wichtigsten Vorbilder im Leben abhandenkommt, was wiederum dazu führen kann, dass sie eine idealisierte und eventuell unrealistische Vorstellung davon entwickeln, wie Männer oder Frauen sein sollten. Wenn der abwesende Elternteil vom eigenen Geschlecht ist, entwickelt sich mitunter eine weniger realistische Geschlechtsidentität; bestenfalls hinterfragt das Kind seine eigene Identität unverhältnismäßig stark. Ist der abwesende Elternteil vom anderen Geschlecht, kann das Kind später Schwierigkeiten mit Liebesbeziehungen haben, weil es vom Partner zu viel erwartet oder diesen idealisiert. Hilfreich sind andere, verantwortungsvolle, glückliche Erwachsene in der Umgebung, die ein positives

Rollenbild vermitteln können. Trotzdem werden Kinder sich stets am meisten mit den Eltern vergleichen und sich mit diesen identifizieren. Diese Scheidungsfolge – der Verlust eines wichtigen Vorbilds – betrifft Söhne und Töchter unterschiedlich, je nachdem, welcher Elternteil auszieht und wie oft die Kinder diesen später noch sehen.

Der Charakter wird auch dadurch beeinflusst, wo sich ein Kind nach einer Trennung der Eltern zu Hause fühlt. Für sehr kleine Kinder ist die Bezugsperson und wie diese sich um sie kümmert, weitaus wichtiger als der Ort, an dem sie schlafen. Ältere Kinder hingegen, die schon eigene Kontakte aufgebaut haben, wünschen zunehmend eine sichere »Basisstation«. Obwohl praktisch jedes Kind, mit dem ich gearbeitet habe, mir versicherte, dass es beide Eltern sehen will, konnte sich bisher keines mit der Vorstellung anfreunden, abwechselnd an zwei Orten zu Hause zu sein. Aus bestimmten Gründen (die ich zugegebenermaßen nicht vollständig erklären kann) wünschen sich ältere Kinder einen festen Platz für sich, möchten aber auch beide Eltern sehen können. Kinder, die an zwei Orten abwechselnd leben sollen – was in der Regel nicht ihre Entscheidung, sondern die der Eltern ist –, fühlen sich eher von ihren Freunden isoliert und bezweifeln, dass diese Lebensweise sozial akzeptabel ist.

Zwar gelten die hier beschriebenen Auswirkungen

von anhaltenden Konflikten zwischen den Eltern sowie von Trennung und Scheidung mitunter nur vorübergehend und prägen den Charakter nicht zwangsläufig für das ganze Leben, doch bei der Mehrheit der Betroffenen werden diese Faktoren die eigene Lebenseinstellung, aber auch die Reaktionsweise bei Problemen in ihren späteren Beziehungen beeinflussen. Deshalb ist es so entscheidend, dass Eltern – sofern die Trennung unvermeidlich ist – die Kinder möglichst wenig in den Konflikt hineinziehen. Bei der Überlegung, wie der Kontakt aufrechterhalten werden kann, sollten die Bedürfnisse jedes Kindes individuell betrachtet werden. Dabei sind das jeweilige Alter, Geschlecht und die Stellung in der Geschwisterreihe zu berücksichtigen, denn jeder dieser Faktoren hat Einfluss darauf, wie das Kind die Situation sieht und auf sie reagiert.

Stieffamilien

Überraschenderweise haben die meisten Kinder mit Stiefeltern langfristig weit weniger Probleme als mit Stiefgeschwistern. Selbst wenn der echte Elternteil verstorben ist, ist es besser, wenn ein Stiefvater oder eine Stiefmutter nicht versucht, den Vater oder die Mutter zu ersetzen. Stiefeltern, die die entstandene Lücke nicht füllen wollen, sondern dem Kind gestatten, sie auf seine Weise anzunehmen, legen den Grundstein für eine harmonische Beziehung zu den Kindern.

Hilfreich ist auch, wenn der eigene Elternteil mit dem Stiefvater oder der Stiefmutter in Bezug auf häusliche Regeln und Disziplin eine geschlossene Front bildet und nach dem Einzug des neuen Partners erkennbar glücklicher ist. In solchen Fällen kommen die Dinge rasch wieder ins Lot, und die Kinder haben es unter Umständen sogar besser als vorher. Immerhin tritt nun eine weitere Person in ihr Leben, die als gutes Vorbild dient und sie wahrscheinlich lieb gewinnt.

Erstgeborene haben mit Stiefeltern die meisten Probleme. In der Regel fühlen sich die Ältesten stark für den Elternteil verantwortlich, mit dem sie zusammenleben, und werden mitunter sogar zum Seelenpartner dieses Elternteils. Wenn dann ein neuer Partner in Erscheinung tritt, kann der oder die Älteste dies erneut als schweren Verlust erleben, ähnlich wie bei der Geburt des zweiten Kindes einer Familie. Wieder für einen anderen den Platz zu räumen, kann die alte Eifersucht neu entfachen.

Fallstudie: Rowan

Rowans Eltern ließen sich scheiden, als er zehn Jahre alt war. Als das ältere von zwei Kindern unterstützte er seine Mutter – die jetzt mehr arbeiten musste –, indem er einen Teil der Hausarbeit übernahm und auf seine Schwester aufpasste.

Als er 14 war, lernte seine Mutter Stephen kennen. Nach außen hin zeigte Rowan sich von dieser Wendung unbeeindruckt und schien mit Stephen gut auszukommen. Seiner Mutter fiel jedoch auf, dass er immer öfter allein in seinem Zimmer hockte. Als Stephen ein Jahr später bei der Familie einzog, wurde Rowans Verhalten rasch schlimmer. Er begann, die Schule zu schwänzen, und irgendwann bemerkte seine Mutter Schnittwunden an seinen Armen. Nach einem Termin beim Hausarzt wurden sie und Rowan an mich verwiesen.

Glücklicherweise hatte Rowans Vater immer noch Kontakt mit seinem Sohn, auch wenn die beiden sich nur selten trafen. Dennoch waren sowohl er als auch Stephen und die Mutter bereit, Rowan auf jede erdenkliche Weise zur Seite zu stehen.

Wir konnten daher auf vielen Ebenen parallel arbeiten. Zuerst erzählte ich Rowan von einem Beratungsprogramm von Jugendlichen für Jugendliche, das im örtlichen Bürgerzentrum angeboten wurde. Rowan willigte ein, dort mit einem Jugendlichen zu reden, der ähnliche Erfahrungen gemacht hatte wie er. Zusätzlich verbrachten seine Mutter und Stephen in wöchentlichem Wechsel auch einzeln Zeit mit Rowan. Obendrein sorgte Rowans Vater dafür, dass auch er wieder regelmäßig Kontakt zu seinem Sohn hatte. Daraufhin verbesserten sich Rowans Schulleistungen, und er hörte auf, sich selbst Verletzungen zuzufügen.

Stiefgeschwister zusammenbringen

Es ist schon eine große Herausforderung, wenn ein neuer Partner einzieht. Wenn darüber hinaus Stiefgeschwister neu ins Haus kommen, wird die Situation noch brenzliger.

Wer sich überlegt, was die Zusammenführung von zwei Familien aus dem Blickwinkel auf die (finanziellen) Ressourcen bedeutet, kann den Grund dafür leicht nachvollziehen. Auch in diesem Zusammenhang trägt das Darwin'sche Divergenzprinzip (siehe Kapitel 2, *Sandwichkinder*, Seite 62) zum besseren Verständnis bei. Prinzipiell wetteifern demnach alle Anwesenden um den besten Anteil an den in ihrer Umgebung vorhandenen Ressourcen. Wird eine Familie um weitere Mitglieder (in diesem Fall die Stiefkinder) erweitert, leben plötzlich mehr Menschen in derselben Umgebung, ohne dass mehr Ressourcen vorhanden sind. Rivalität und Wettstreit verschärfen sich, und Streit und Zwist zwischen den Geschwistern und den Stiefgeschwistern sind praktisch unausweichlich.

Und was ist mit den Eigenschaften der eigenen Geburtsposition? Werden sie durch die neuen Geschwister verändert? Wenn die ursprüngliche Familie aus einem jüngeren und einem älteren Kind von beispielsweise sieben und zehn Jahren bestand und nun ein achtjähriges Einzelkind hinzukommt – bedeutet dies, dass das Stiefkind seine Eigenschaften als Einzelkind verliert und zum typischen Mittelkind wird? Keineswegs! Die Grundzüge unserer Identität werden im Alter von drei bis sechs Jahren angelegt. Ein Kind verliert nicht urplötzlich Eigenschaften, die sich über Jahre gebildet haben. Solche Eigenschaften können verstärkt oder von anderen überlagert werden, aber eine grundlegende Veränderung ist unwahrscheinlich. Am wahrscheinlichsten im oben geschilderten Fall ist, dass das Einzelkind und das älteste der anderen Familie mit allen Mitteln um die Position des Erstgeborenen wetteifern und ihre entsprechenden Eigenschaften eines Erstgeborenen deutlich geschärft werden. Gleichzeitig dürfte das jüngste Kind noch deutlicher als Nesthäkchen zu erkennen sein.

Beim Einzug von Stiefgeschwistern neigen ältere Kinder eher dazu, um ihre bisherige Position in der Familie zu kämpfen oder diese auszubauen, um sich das gewohnte Maß an Aufmerksamkeit zu sichern. Unabhängig von seinem Alter wird jedes Kind einer Familie, dessen Geburtsposition sich verwischt, durchsetzungsfähiger und aggressiver. Kleineren Kindern hingegen, insbesondere Sandwichkindern und Jüngsten, fällt es leichter, sich an die neue Position anzupassen. Sie nehmen auch eher zusätzliche Eigenschaften an, die ihrem neuen Platz in der Geschwisterreihe entsprechen.

Insgesamt lässt sich feststellen, dass das Auftauchen von Stiefgeschwistern in der Kindheit einer der am meisten übersehenen und doch einschneidendsten Faktoren für die Charakterbildung ist.

Die Rückkehr bereits ausgezogener Geschwister

Das »Jojo-Kind« ist ein relativ neues Phänomen und bezeichnet ein erwachsenes Kind, das nach seinem Auszug nach Hause zurückkehrt, weil ihm der Einstieg in den Arbeitsmarkt nicht gelingt, es arbeitslos wird oder keine bezahlbare Wohnung findet. Dieser Umstand wirkt sich auf die gesamte Familie aus – auf denjenigen, der schon ausgezogen war, wie auch auf die Geschwister.

Wenn der oder die Älteste auszieht, findet bei den übrigen Familienmitgliedern eine Neupositionierung statt. Ich habe wiederholt betont, dass die Eigenschaften der Geburtsposition sich ab dem Alter von sechs bis sieben Jahren nicht mehr grundsätzlich ändern. Was sich allerdings verändert, sind die Erwartungen der übrigen Kinder, sobald ältere Geschwister das Haus verlassen. Dann rückt das nächstjüngere Kind in vielerlei Hinsicht auf den Platz des Ältesten nach.

Kehren nun die tatsächlichen Erstgeborenen zurück, prallen nicht so sehr die Persönlichkeiten, sondern eher die mutmaßlichen Rechte und Privilegien aufeinander. Derjenige, der zurückkehrt, und der »amtierende Älteste« werden häufiger und offener aneinandergeraten als früher. Es kommt auch vor, dass der amtierende Älteste, dem die neu entdeckte Position wieder abspenstig gemacht wird, sich schmollend oder wütend zurückzieht.

Aber auch der Bruder oder die Schwester, die zurückkehren, leiden unter mangelndem Selbstwertgefühl, weil sie nur umständehalber wieder zu Hause einziehen. Sie kommen sich vielleicht orientierungslos oder nutzlos vor, und weil sie vermutlich kaum darüber nachgedacht haben, wie sich die Familie während ihrer Abwesenheit verändert hat, überrascht es sie, dass die Eltern ihre Geschwister jetzt anders behandeln. Das kann Gefühle wie Einsamkeit und Wertlosigkeit weiter verstärken.

Was aus einer solchen Situation wird, hängt für alle Beteiligten in hohem Maße davon ab, wie die Eltern damit umgehen. Wenn jemand für eine gewisse Zeit nach Hause zurückkehrt und die Eltern ihn nicht als »eins von den Kindern«, sondern als Erwachsenen behandeln, entsteht wahrscheinlich weniger Geschwisterrivalität. Die Eltern sollten in diesem Fall klarmachen, dass sie von dem Rückkehrer erwarten, möglichst bald wieder als unabhängiger Erwachsener zu leben, beispielsweise indem sie die Zeit begrenzen, die der Heimkehrer mietfrei bei der Familie wohnen darf. Damit bleibt dem Zurückgekehrten die Hoffnung, bald wieder unabhängig leben zu können. Obwohl es also auf den ersten Blick als sehr freundlich erscheint, wenn Eltern ihren Sohn oder ihre Tochter im Zweifelsfall mit offenen Armen aufnehmen, vermitteln sie dem Heimkehrer damit unwissentlich die Botschaft, dass sie keine Ahnung haben, wann und wie dieses Kind sich wieder fangen und sich neu orientieren wird. Das führt dazu, dass der betroffene Mensch sich unreifer und unsicherer fühlt und die Geschwister verwirrt sind.

Langfristig werden solche Umstände die typischen Eigenschaften der Geschwister aber kaum beeinflussen. Sie wirken sich eher kurzfristig auf deren Stimmung und Einstellungen aus. Wenn eine solche Situation jedoch monatelang anhält und es keine klare Strategie gibt, wie man dem älteren Kind wieder zum Auszug verhelfen kann, sehen unter Umständen alle in der Familie weniger optimistisch und insgesamt zynischer in die Zukunft. Jüngere Kinder, insbesondere ein weniger selbstbewusstes Nesthäkchen, halten es dann für wenig erstrebenswert, selbst »groß« und unabhängig zu werden, weil womöglich auch sie scheitern könnten und nach Hause zurückkehren müssten.

Fallstudie: George

George war das zweite von vier Kindern. Er hatte einen älteren Bruder und zwei jüngere Schwestern. Mit 17 schickte man ihn zu mir, weil er mit seiner Wut nicht zurechtkam. Er war zu Hause immer mürrischer und unleidlicher geworden und wollte sich in der Familie an nichts mehr beteiligen, nicht einmal an den Mahlzeiten. Meistens saß er in seinem Zimmer und spielte Computerspiele. Außerdem fehlte er häufig in der Schule. Noch vor wenigen Monaten hatte er sich mit viel Elan auf seinen Schulabschluss vorbereitet und zu Hause wie in der Schule einen glücklichen Eindruck gemacht.

George berichtete mir, er sei nie in irgendetwas besonders gut gewesen, sondern hätte immer im Schatten seines großen Bruders gestanden. Toby hingegen, der sechs Jahre älter war als George, schien in allem zu glänzen, was er anpackte. Nach der Universität hatte er einen gut dotierten Job gefunden, in dem er sich sehr gut geschlagen hatte. Zusammen mit seiner Freundin hatte er eine teure Eigentumswohnung im Stadtzentrum erworben.

Nachdem Toby ausgezogen war, war George regelrecht aufgeblüht. Er gehörte nun der Rugbymannschaft seiner Schule an. Seine Noten wurden immer besser, und er peilte sogar das Abitur an, was seine Eltern ihm vorher nicht zugetraut hatten.

Doch dann war Toby wieder nach Hause zurückgekehrt. Er hatte seinen Arbeitsplatz (und damit auch die Wohnung) verloren und sich von seiner Freundin getrennt. Die Eltern bedauerten Toby zutiefst und versuchten, ihm zu Hause alles recht zu machen. Wie zu erwarten, hatte George sich daraufhin in jeglicher Hinsicht zurückgezogen.

Nachdem George seinem Schmerz über die umfassende Zurücksetzung durch Tobys Wiedereinzug Ausdruck verliehen und ich ihm versichert hatte, dass seine Not durchaus verständlich sei, ging es ihm schon deutlich besser. Danach fragte ich ihn, ob wir seine Eltern hinzubitten dürften, womit er einverstanden war. Anfangs wirkten sie überrascht, dass ich sie mit einbezog, weil sie glaubten, dass nur George ein Problem hätte. Sie waren jedoch bereit, die Schwierigkeiten von allen Seiten zu beleuchten, und sahen bald ein, wie schmerzhaft es für George gewesen war, dass sie sich ganz auf Toby konzentriert hatten. Dann begriffen sie, dass ihre Versuche, Toby zu trösten und zu verwöhnen, den großen Sohn keineswegs anspornten, sich wieder aufzurappeln, sondern ihn eher davon abhielten, sein Leben selbst in den Griff zu bekommen.

Georges Eltern beschlossen, mit Toby zu reden. Die drei kamen überein, Tobys Auszeit zu Hause auf vier Monate zu begrenzen. Dieser Vorschlag kam von Toby selbst, der davon ausging, dass er nach diesem Zeitraum wieder Arbeit und eine Wohnung zur Miete gefunden haben müsste. Parallel dazu bemühten die Eltern sich intensiv, George weiterhin so viel positive Aufmerksamkeit zukommen zu lassen wie vor Tobys Rückkehr.

George ging bald wieder in die Schule, und obwohl es zu Hause zeitweise nicht einfach war, fühlte er sich wieder besser. Auch seine optimistischere, umgängliche Seite kam wieder zum Vorschein.

Der Einzug kranker oder älterer Verwandter

Es gibt zahlreiche Umstände, unter denen es jemandem gesundheitlich nicht gut geht, er finanziell nicht zurechtkommt oder sich nicht mehr um sich selbst kümmern kann und in die Familie aufgenommen wird. Zunehmend müssen Eltern ihre eigenen Eltern oder Großeltern pflegen. Das liegt paradoxerweise an der besseren medizinischen Versorgung: Die Menschen werden heute immer älter, sind aber während dieser verlängerten Lebensspanne häufig gebrechlicher und abhängiger als früher.

Wie die Kinder der Familie mit der veränderten Situation zurechtkommen, hängt in erster Linie von der Einstellung der Eltern und dem Zustand der einziehenden Person ab. Wer so etwas während seiner Kinderzeit erlebt hat, wird – bei einer positiven Haltung der Eltern – sich selbst in der Regel gesünder und wohler fühlen und einige wichtige Lektionen darüber gelernt haben, wie man sich um andere Menschen kümmert.

Zwar können alle Kinder von so einer Situation profitieren, doch sind es am ehesten die Erstgeborenen, die fürsorglicher und verantwortungsbewusster werden – weil man ihnen diese Rolle ohnehin schon immer abverlangt hat.

In manchen Fällen wehren sich die Neuankömmlinge gegen den Umzug. Es fällt ihnen womöglich schwer, sich ihre Hilfsbedürftigkeit einzugestehen, oder sie sind geistig verwirrt. In diesem Fall werden die Kinder – nicht nur die Erstgeborenen – sich zwar immer noch beteiligen und die Bedürfnisse des Neuankömmlings wahrnehmen, aber dennoch alle unter der zusätzlichen Verantwortung leiden und schließlich eifersüchtig auf denjenigen werden, der Zeit und Energie der Eltern in Anspruch nimmt. Besonders betroffen ist das Nesthäkchen, das stets das abhängigste Familienmitglied war und sich jetzt stärker zurückgesetzt fühlt als die anderen.

Wenn ein Teil der Familie sich durch die Anforderungen des Neuzugangs chronisch überfordert fühlt, können einer oder mehrere von ihnen – vor allem der oder die Erstgeborene – eine Opferrolle annehmen. Wer diese Rolle übernimmt, wird stets resigniert seine Hilfe anbieten, sobald jemand Unterstützung benötigt, selbst wenn man ihn gar nicht darum bittet.

Erziehungstipp: Angehörige zu Hause pflegen

Wer zu Hause für kranke oder gebrechliche Angehörige sorgt, sollte von den Kindern nicht zu viel erwarten. Achten Sie besonders auf die natürliche Neigung des Ältesten, für andere da zu sein und Verantwortung zu übernehmen, damit niemand überfordert wird. Außerdem sollten Sie sich darum bemühen, nicht überlastet zu erscheinen. Wehren auch Sie sich gegen die Opferrolle (siehe oben), selbst wenn dies gelegentlich unmöglich erscheint. Die Kinder sollten immer das Gefühl haben, die Situation offen ansprechen zu dürfen, und wenn sie dies tun, sollten die Eltern ehrlich antworten, ohne dabei hilflos zu wirken.

Zusammenfassung: Der Einfluss familiärer Umbruchsituationen auf den Charakter je nach Familienposition

Umbrüche im Familienleben können bei allen Beteiligten starke Reaktionen hervorrufen. Diese Aussage gilt für jede größere Veränderung, vom Umzug bis hin zur Trennung der Eltern. Besonders schwierig wird es, wenn andere Angehörige zu Hause einziehen. Wie Kinder solche Veränderungen erleben, hängt maßgeblich davon ab, wie die Eltern mit der Situation umgehen. Wenn sie sich angesichts der veränderten Umstände überfordert und machtlos fühlen oder die Bedürfnisse ihrer Kinder aus dem Blick verlieren, werden insbesondere Erstgeborene eine eher skeptische bis ängstliche Lebensauffassung entwickeln. Kurzfristig leidet oft das Selbstvertrauen aller Beteiligten, auch hier wieder vor allem das der Ältesten.

Sofern die Eltern der Sache jedoch positiv gegenüberstehen, die neue Situation als lösbares Problem betrachten und daran denken, die Sichtweise und die Interessen jedes Einzelnen zu berücksichtigen, wird das Geschehen letztlich den Charakter aller Kinder der Familie stärken, unabhängig von ihrer Geburtsposition.

8. Andere wichtige Beziehungen

Den stärksten Einfluss auf ein Kind üben zweifellos die Angehörigen der eigenen Kernfamilie aus. Es können aber auch andere Menschen eine Rolle spielen. In diesem Kapitel überlegen wir, welche Rolle Großeltern und andere Verwandte, Lehrer und andere Autoritätspersonen sowie Freunde und deren Familien bei der Charakterentwicklung zukommen kann.

Die Großeltern

Aus Sicht der Großeltern zählt die Beziehung zu den Enkeln zu den bereicherndsten, inspirierendsten und zärtlichsten Kontakten ihres Lebens. Es ist etwas geradezu Überwältigendes damit verbunden, das Kind des eigenen Kindes kennen zu lernen, sich und das eigene Kind in diesem kleinen Menschen wiederzufinden, noch einmal die kindliche Begeisterung mitzuerleben und gleichzeitig zu erkennen, dass dieser

Mensch wirklich einzigartig ist, anders als jeder andere, den man je gekannt hat. Ein Enkelkind wächst in eine ganz andere Welt hinein als einst die Großeltern, und deshalb genießen Oma und Opa das Vorrecht, durch ihre Enkelkinder die jetzige Welt noch einmal mit den Augen desjenigen zu erleben, der in ihr heranwächst.

Unabhängig von der eigenen Geburtsposition dürfte jedes Kind davon profitiert haben, wenn es seine Großeltern kennen und lieben durfte und sie an seinem Leben Anteil nahmen. Besonders wichtig werden dabei Großeltern, die das Kind zu Geduld ermuntern und sein Urteilsvermögen schärfen. Außerdem vergöttern praktisch alle Großeltern ihre Enkel bedingungslos, was das Selbstbewusstsein der Kinder entscheidend hebt und erhält. Deshalb ist eine starke Bindung zwischen Kindern und ihren Großeltern so wichtig.

Heutzutage leben Familien oft weit voneinander entfernt, so dass es gar nicht so einfach ist, die Großeltern mit den Enkeln zusammenzubringen. Andererseits verlangen manche Eltern den Großeltern mitunter zu viel Anteil an der Kindererziehung ab, ohne dies überhaupt zu bemerken. Dann fühlen sich die Großeltern eventuell überfordert und ausgenutzt. Die Beziehung zu den Enkelkindern bleibt dabei zwar immer noch positiv, ist aber vielleicht nicht mehr so fruchtbar und spontan, wie sie ohne die Belastung durch die Verpflichtungen sein könnte.

Andere Verwandte

Auch Beziehungen zu anderen Verwandten können den Charakter prägen. Viele Verwandte leben heute nicht mehr nah beieinander, so dass Kinder nicht immer die Gelegenheit erhalten, enge, einflussreiche Verbindungen innerhalb der weiteren Verwandtschaft zu knüpfen. Wenn es jedoch dazu kommt, profitiert ein Kind davon, eine weitere Person in der Nähe zu haben, die es liebt – jemand, der ein zusätzliches Vorbild abgeben kann und dessen (hoffentlich) positive Eigenschaften übernommen werden können.

Solche Beziehungen können allen Kindern von Nutzen sein, unabhängig von ihrer Familienposition, weil sie Geborgenheit vermitteln und das Selbstvertrauen stärken. Besonders willkommen ist die zusätzliche Liebe und Aufmerksamkeit in großen Familien und bei Kindern, die in Sachen individueller Zuwendung eher knapp gehalten werden – Sandwichkinder beispielsweise.

Misshandlung und Missbrauch

Eine enge Beziehung zu einem Verwandten oder anderen, nachfolgend aufgeführten Personen kann unter Umständen aber leider auch sehr negative

Spuren hinterlassen, und zwar, sobald Missbrauch ins Spiel kommt. Als missbräuchlich gilt jede Beziehung, welche die mächtigere Person einzig und allein dazu benutzt, eigene Gelüste zu befriedigen, ohne dabei die Rechte und Bedürfnisse des anderen zu beachten. Missbrauch kann auf körperlicher, emotionaler und verbaler Ebene stattfinden. Seine Auswirkungen sind extrem weitreichend. In dem missbrauchten Menschen wird ein Gefühl von Hilflosigkeit und Schuld, gleichzeitig aber auch ein verzweifeltes Bedürfnis nach Bestätigung und Liebe erzeugt. Selbst viel älteren Kindern kann das Gefühl vermittelt werden, dass eine Missbrauchsbeziehung ihre Schuld ist, und kleine Kinder haben unvermeidlich dieses Gefühl (auch wenn sie die Beziehung mitunter erst im Nachhinein als »missbräuchlich« einstufen können).

Eine Missbrauchsbeziehung macht den Betroffenen noch im Erwachsenenalter anfälliger für eine ungünstige Partnerwahl. Da missbrauchte Kinder ein so schlechtes Vorbild erlebt haben, sind sie in Gefahr, das alte Muster zu wiederholen, indem sie entweder selbst andere Menschen missbrauchen oder später erneut zum Opfer werden. Auswege bieten hier nur weitere, positive Vorbilder und dass diese Menschen jemanden finden, dem sie vertrauen, und der ihnen hilft, das Geschehene zu verarbeiten.

Missbrauchsopfer kann es in jeder Familienposition geben, wobei der Missbrauch die typischen Eigenschaften der jeweiligen Position beeinflussen kann.

Lehrer und andere Autoritäten

Gab es einen Lehrer, der Ihre Denk- und Handlungsmuster beeinflusst hat? Lehrer können uns an Themen heranführen, die auf Dauer die Basis für unsere berufliche Laufbahn darstellen. Vielleicht schüren sie aber auch nur den Funken für das Lernen und die Wissbegierde an sich. Ein Lehrer kann einen so großen Einfluss auf uns haben, dass wir nicht nur die Liebe zum Lernen übernehmen, sondern womöglich sogar beschließen, selbst Lehrer zu werden. Andererseits können ausgesprochen unfähige Lehrer uns ein Thema aber auch gründlich verleiden, manchmal für den Rest unseres Lebens.

Zuweilen üben auch andere Autoritäten einen ähnlich starken Einfluss auf uns aus. Eine meiner Patientinnen war als Kind chronisch krank. Sie erhielt eine so gute Behandlung, insbesondere durch eine Krankenschwester, die entgegen aller Wahrscheinlichkeit an ihre Genesung glaubte, dass sie – als sie tatsächlich gesund wurde – beschloss, selbst Krankenschwester zu werden.

Vielleicht gab es auch einen Freund, dessen Eltern Ihren Charakter beeinflusst haben. Das kommt vor allem dann vor, wenn Sie aus bestimmten Gründen eine Zeitlang nicht gut mit Ihren eigenen Eltern auskamen. Etliche meiner Patienten haben mir erzählt, dass sie ihren Optimismus, ihre Entschlossenheit oder ihren Sinn für Humor der Mutter oder dem Vater eines Freundes verdanken.

Von allen Kindern einer Familie akzeptieren die Erstgeborenen am bereitwilligsten, was andere Autoritäten ihnen zu sagen haben.

Wendepunkte, die ganze Gruppen beeinflussen

Neben Ereignissen, die entweder die ganze Welt oder uns selbst massiv beeinflussen (siehe Seiten 161 und 199f.), gibt es auch solche, welche die Einstellung einer Gemeinschaft verändern.

Als ich in der Grundschule war, wurde in unserem Wohnort ein Kind entführt und getötet. Der Mörder schien kein Motiv gehabt zu haben, und die Einwohner der Stadt reagierten augenblicklich:

Eltern ließen ihre Kinder nicht mehr zu Fuß zur Schule gehen, und jeden Morgen bildeten sich lange Autoschlangen vor den Schulen – selbst nachdem der Mörder verhaftet und verurteilt worden war.

Während ich heranwuchs, kamen noch weitere Kinder um, zum Beispiel bei Autounfällen. Bei solchen Ereignissen kam es aber nicht zu vergleichbaren Reaktionen. Das lag sicher zum Teil daran, dass Autounfälle weniger unerwartet und schockierend waren als ein Mord (auch wenn sie für die Familien, die dabei Angehörige verlieren, zweifellos einschneidende Erlebnisse waren). Ich bin sicher, dass viele Kinder (so wie ich) dadurch ängstlicher und weniger unabhängig aufwuchsen, als es ohne die Entführung und den Mord der Fall gewesen wäre. Die Kreise, die dieses eine besondere Ereignis zog, haben demnach die Eigenschaften der Familienpositionen zahlreicher Menschen erheblich beeinflusst und verändert.

Freunde

Selbstverständlich wurde und wird unser Charakter auch von unseren Freunden geprägt. Am nachhaltigsten ist der Einfluss von Freunden während der Pubertät. Insbesondere kurz vor dieser Entwicklungsphase und im frühen Erwachsenenalter hinterfragen wir alle unsere Identität und bauen sie bis zu einem gewissen Grad auch noch einmal um. Im Laufe unseres Lebens wiederholen wir diesen Prozess noch einige Male. Das Besondere bei Jugendlichen ist jedoch, dass sie sich vornehmlich nach den Maßstäben der Gruppe Gleichaltriger bewerten, der sie sich zugehörig fühlen.

Ganz sicher kennen Sie Teenagergruppen, die sich ähnlich kleiden, die gleichen Frisuren tragen, dieselben Ausdrücke verwenden und so weiter. Dieses Bedürfnis, sich mit einer Gruppe zu identifizieren, ist ein wichtiger Schritt zur Selbsterkenntnis. Jeder von uns muss sich entscheiden, was für ein Mensch er werden und welcher Gruppe er angehören will – Konformität ist eine Methode, dies auszuprobieren.

Der Psychologe Erik Erikson vertritt die Ansicht, dass dieses »Herumtasten« zu Beginn des Erwachsenwerdens ein notwendiger Vorläufer echter Reife ist. Es ermöglicht uns, später im Leben wirklich enge Beziehungen einzugehen und sie zu erhalten. Erikson geht sogar so weit zu behaupten, dass wir uns erst dann ernsthaft in einer intimen Beziehung »verlieren« können, wenn wir wissen, zu wem wir gehören und (später) in welcher Hinsicht wir innerhalb dieser Zugehörigkeit einzigartig sind.

Ohne Übertreibung werden unsere Freunde für uns umso wichtiger, je älter wir werden. Sie helfen uns nicht nur, das Leben mehr zu genießen, sondern auch dabei, uns selbst besser zu verstehen. Von allen Familienmitgliedern orientieren sich Sandwichkinder vielleicht am meisten an Gleichaltrigen, selbst wenn natürlich auch der Abstand zwischen den Geschwistern, das Geschlecht und die Familiengröße etwas mit dem relativen Einfluss von Freunden zu tun haben.

Erziehungstipp: Hilfe, mein Kind hat die falschen Freunde!

Wenn Ihr Kind sich mit anderen Kindern oder Jugendlichen anfreundet, die Sie nicht mögen oder sogar missbilligen, sollten Sie Ihre Gefühle nach Möglichkeit verbergen. Je häufiger Sie Ihr Kind offen entmutigen oder ihm seinen Wunsch, mit jemand Freundschaft zu schließen, den Sie nicht mögen, abschlagen, desto mächtiger wird der Einfluss dieses Menschen auf den Charakter des Kindes werden.

Fragen Sie sich daher zunächst, ob Sie diesen Freund nur nicht leiden können oder ob er tatsächlich einen schlechten Einfluss auf Ihr Kind ausübt. Wenn es um eine bloße Antipathie geht, sollten Sie versuchen, diese Gefühle zu überspielen und der Bekanntschaft keine Steine in den Weg legen. Manchmal ist eine Freundschaft jedoch in gewisser Hinsicht tatsächlich schädlich für Ihr Kind. Dann sollten Sie versuchen, es möglichst unauffällig von diesem Menschen abzulenken. Unglücklicherweise erscheint die Ihnen unbeliebte Person für das Kind umso faszinierender, je stärker es Ihre Missbilligung spürt. Dann fühlt es sich noch stärker zu dem anderen Menschen hingezogen und lässt sich umso mehr von ihm beeinflussen.

Einzelkinder und ihre Freunde

Für ein Einzelkind ist der Kontakt zu Freunden und jungen Verwandten von entscheidender Bedeutung. Wer weder Brüder noch Schwestern hatte, kann die Lektionen, die normalerweise aus dem täglichen Zusammensein mit den Geschwistern erwachsen – Toleranz, Teilen und Kompromissefinden, um nur einige zu nennen –, stattdessen im Kontakt mit Freunden und anderen Menschen lernen. Die Eltern von Einzelkindern sind daher gut beraten, ihrem Nachwuchs häufig die Gelegenheit zu geben, mit anderen Kindern zusammenzukommen. Solche Einzelkinder wachsen toleranter, kompromissbereiter und insgesamt sozial bewanderter auf als Einzelkinder, deren Eltern sich diese Mühe nicht machen.

Zusammenfassung: Der Einfluss sonstiger Beziehungen auf den Charakter je nach Familienposition

In der modernen westlichen Gesellschaft führt die Betonung der Kernfamilie dazu, dass wir in der Kindheit stärker durch Eltern und Geschwister beeinflusst werden als durch alle anderen Personen. Doch auch bestimmte Menschen außerhalb dieses inneren Kreises können großen Einfluss auf unseren Charakter ausüben, insbesondere bei Jugendlichen. Welches Ausmaß dieser Einfluss annimmt, hängt davon ab, wie viel Zeit wir mit diesen anderen Leuten verbringen, wie alt wir zu diesem Zeitpunkt sind und welche Gründe uns zusammengeführt haben.

9. Angeboren oder erlernt? Die Frage von Temperament und Erfahrungen

Die Wissenschaft – besonders unsere Erkenntnisse über die Struktur unserer Gene – eröffnet uns neue Möglichkeiten für das Verständnis der Persönlichkeit. Fortschritte in der Entschlüsselung und im Verständnis der menschlichen DNA und Durchbrüche in der Neuropsychologie bringen es mit sich, dass wir unablässig mehr darüber lernen, wie unsere Gedanken, Gefühle, Überzeugungen und Handlungen zustande kommen und aufrechterhalten werden.

Einer der hilfreichsten Aspekte unseres wachsenden Verständnisses für die menschliche Psyche ist, dass Psychologen und andere Wissenschaftler in Bezug auf die Entstehung des Charakters und die Frage nach Veranlagung und Erziehung nicht mehr in Entweder-oder-Kategorien denken. Der *relative* Beitrag beider Komponenten ist jedoch nach wie vor ein höchst interessantes Thema.

An dieser Stelle ist nicht genug Raum, um jeden

Aspekt des menschlichen Charakters und des jeweiligen Anteils von Veranlagung und Erziehung genau zu beleuchten. Deshalb möchte ich mich in diesem Kapitel auf die Eigenschaften konzentrieren, die am meisten mit der Geburtenfolge zu tun haben, nämlich:

- Eigenschaften, die weitestgehend genetisch bedingt erscheinen,
- Eigenschaften, die weitestgehend erlernt erscheinen,
- Eigenschaften, bei denen der Einfluss von Veranlagung und Erziehung umstritten ist.

Überwiegend genetisch bedingte Eigenschaften

Zunächst nehme ich einige der auffälligsten und am sorgfältigsten untersuchten Aspekte des Charakters unter die Lupe, die offenbar in erster Linie genetisch bedingt, also angeboren sind. Diese Eigenschaften sind ganz besonders schwer zu verändern, so dass es am sinnvollsten ist, sie zu akzeptieren und zum eigenen Vorteil zu nutzen, anstatt sich ihnen zu widersetzen oder sie als »Herausforderung« anzusehen. Es sind zugleich jene Charakterzüge, die jemanden am meisten verwirren können, wenn er versucht, die Fa-

milienposition eines anderen zu erraten. Es ist nämlich schwer zu unterscheiden, ob das beobachtete Verhalten der genetischen Veranlagung eines Menschen
oder seinem Platz in der Familie entspringt.

Die Wechselwirkungen zwischen angeborenen oder erlernten Eigenschaften und der Familienposition

Alle Charakterzüge, die in erster Linie genetisch
bedingt sind, werden stets erkennbar durchschim-
mern, während alles, was weitgehend erlernt ist,
sich nur so weit entwickeln wird, wie es angesichts
der persönlichen Familienposition hilfreich erscheint. Eigenschaften, die teilweise Veranlagung
und teilweise eine Frage der Erziehung sind, treten mit den typischen Zügen des Erst-, Zweit- oder
Letztgeborenen in Wechselwirkung und kommen
mehr oder weniger stark zum Tragen – je nachdem,
ob ihre Entwicklung am eigenen Platz in der Familie von Vorteil war oder nicht.

Introvertiert oder extrovertiert?

Wie gern Sie mit anderen Menschen zusammen sind,
wie sehr Sie auf Aufregung oder gefährliche Situatio-

nen aus sind und wie stark Sie sich auf äußeren Druck verlassen, wenn es darum geht, Termine zu halten und Projekte fertigzustellen, hängt davon ab, wie introvertiert oder extrovertiert Sie sind. Dieses Konzept stammt von dem Psychologen Hans Eysenck, dem zufolge die persönliche Neigung zu introvertiertem oder extrovertiertem Verhalten auf die Aktivität des retikulären Aktivierungssystems (RAS) im Gehirn zurückgeht. Dieser Teil des Gehirns unterstützt die Steuerung unseres Erregungsniveaus. Introvertierte Menschen verfügen laut Eysenck über ein aktiveres RAS, so dass sie automatisch – aus sich selbst heraus – stärker stimuliert sind als Extrovertierte, die von Natur aus eher unterstimuliert sind. Deshalb suchen Extrovertierte Stimulation von außen, was introvertierte Menschen nach Möglichkeit vermeiden.

Ich gehe davon aus, dass dieses Schema Ihnen geläufig ist und dass Sie Menschen kennen, die das eine beziehungsweise das andere Extrem verkörpern. Stark extrovertierte Personen sehnen sich nach Aufregung, sind risikofreudig und eher impulsiv. Sie brauchen feste Terminvorgaben, um zur Hochform aufzulaufen, haben meist viele Freunde, lieben es zu feiern und sind insgesamt gern unter Leuten. Ausnehmend introvertierte Menschen hingegen meiden jegliche Aufregung. Sie sind eher reserviert und nachdenklich und treffen keine übereilten Entscheidungen. Mit nur wenigen, engen Freunden fühlen sie sich wohler.

Auf andere Menschen wirken sie eher still und distanziert.

Einen eher extrovertierten Menschen, der gern Kontakte knüpft und im Mittelpunkt steht, hält man möglicherweise für einen Jüngsten, doch tatsächlich können auch Erstgeborene, Sandwichkinder und Einzelkinder ein extrovertiertes Temperament haben.

Neben vielen anderen Erkenntnissen fällt auf, dass es für einen Extrovertierten unglaublich schwer ist, sich wie ein Introvertierter zu verhalten und so zu denken – und umgekehrt genauso. Deshalb ist es am besten, das persönliche Maß an Extrovertiertheit bzw. Introvertiertheit zu akzeptieren und möglichst vorteilhaft zu nutzen, anstatt es verändern zu wollen. Das kann einem auch helfen, den Beruf zu finden, der am besten zu einem passt. Extrovertierte Menschen kommen in Großraumbüros und mit Aufgaben, die klare, unverrückbare Termine setzen, meist gut zurecht, während Introvertierte lieber allein oder in überschaubaren Gruppen arbeiten und Projekte bevorzugen, die überprüft und durchdacht werden müssen und keine voreiligen Ergebnisse fordern.

Impulsiv oder nachdenklich?

Diese Charakterzüge haben einiges mit der Frage nach Introvertiertheit beziehungsweise Extrovertiertheit gemeinsam. Vielleicht werden wir eines Tages sogar feststellen, dass sie im Gehirn eng verknüpft sind. Eysenck beschreibt extrovertierte Individuen als impulsiv und Introvertierte als Menschen, die »vor dem Sprung noch einmal hinsehen« – also als nachdenklich.

Wie sehr jemand zu impulsivem Verhalten (vorgehen, ohne lange nachzudenken, und vieles »aus dem Bauch heraus« entscheiden) oder zu Nachdenklichkeit neigt (vor einer Entscheidung alles noch einmal gründlich zu überdenken und alle denkbaren Alternativen abzuwägen), ist einer der stabilsten und dauerhaftesten Bestandteile unserer Persönlichkeit. Der Psychologe Jerome Kagan stellte fest, dass schon Babys verlässlich impulsives oder nachdenkliches Verhalten zeigen, was die These, dass dieses Verhalten weitgehend genetisch bedingt ist, weiter untermauert.

Das Ausmaß der persönlichen Impulsivität oder Nachdenklichkeit scheint von äußeren Umständen wie der Geburtsposition weitestgehend unbeeinflusst zu sein. Auch dies kann andere irritieren, die einzuschätzen versuchen, wo jemand in der familiären Hackordnung steht. Ein impulsiver, risikofreudiger Mensch wird vielleicht eher als Nesthäkchen angesehen, obwohl tatsächlich jede Geburtsposition impulsiv sein kann. Ebenso wird ein nachdenklicher, rationaler Mensch möglicherweise als Einzelkind eingeschätzt, doch auch Geschwisterkinder können eher verstandesbetont denken und handeln.

Der Grad der persönlichen Impulsivität oder Nachdenklichkeit ist ein weiterer Aspekt des Charakters, den man am besten akzeptiert und mit einbezieht, anstatt ihn umformen zu wollen. Besonders impulsive Menschen könnten allerdings davon profitieren, vor einer Reaktion erst einmal bis zehn zu zählen oder vor einer Entscheidung verschiedene Handlungsoptionen abzuwägen. Ebenso ist es für einen extrem nachdenklichen Menschen mitunter hilfreich, sich selbst einen Termin zu setzen, bis zu dem er sich zu einem bestimmten Vorschlag äußern muss. Abgesehen von solchen Extremen ist es am besten, die natürliche Neigung zu impulsiven Reaktionen oder gründlichem Nachdenken bewusst zu akzeptieren.

Das autistische Spektrum

Immer mehr Menschen werden mittlerweile dem »autistischen Spektrum« zugeordnet. Ich bin allerdings davon überzeugt, dass wir *alle* gewisse autistische Züge aufweisen. Es gibt viele Menschen, die nicht besonders viel Fantasie haben, sich ärgern, wenn ihr gewohnter Tagesablauf aus dem Ruder läuft oder – in unterschiedlichem Maße – eher kontaktscheu sind (Introvertierte beispielsweise). Deshalb sind derartige Personen aber noch lange nicht »autistisch«. Dieser Begriff bezeichnet nur einen Charakterzug, der bis zu einem gewissen Grad in jedem Menschen vorliegt.

Echter Autismus und das damit verwandte Asperger-Syndrom treten heute zwar in der Tat häufiger auf als früher, sind aber immer noch seltene Erkrankungen.

Das Ausmaß an Ordnung und Stabilität, bei dem es einem Menschen gut geht, die persönliche Vorstellungskraft und Kreativität und wie angenehm welches Maß an Kontakten zu anderen Menschen ist, entscheiden darüber, wie stark man im »autistischen Spektrum« verankert ist. Insgesamt scheint sich dieser Wesenszug während Kindheit und Jugend nicht sonderlich zu verändern. Ob Asperger-Syndrom und Autismus unterschiedliche Aspekte desselben Grundleidens oder zwei verschiedene Dimensionen desselben Problems darstellen, ist noch nicht geklärt. Auf jeden Fall scheinen autistische Züge sich im Laufe des Lebens einer Veränderung zu widersetzen. Einer der führenden Psychologen auf dem Gebiet der Erforschung von Autismus und dem autistischen Formenkreis ist Simon Baron-Cohen (siehe die Literaturhinweise am Ende dieses Buches).

Auch diese Eigenschaften könnten also in die Irre führen, wenn man versucht, die Geburtsposition seines Gegenübers zu erraten: Wer es gern ordentlich und eine ausgesprochen rationale Grundeinstellung hat, wird vielleicht als Einzelkind eingestuft, kann aber jede Position innerhalb der Familie einnehmen.

Für unsere Zwecke ist es wiederum das Beste, das individuelle Maß an »Autismus« hinzunehmen und nicht als Problem anzusehen (solange diese Verhaltensweisen einen Menschen nicht davon abhalten, das zu tun, was er tun möchte). Wie bei den Fragestellungen hinsichtlich Extrovertiertheit beziehungsweise Introvertiertheit sowie Impulsivität beziehungsweise Nachdenklichkeit sollte man das eigene Bedürfnis nach Ordnung und Planbarkeit im Leben akzeptieren und in seine Entscheidungen mit einbeziehen.

Die drei Grundeigenschaften, die wir in diesem Abschnitt näher beleuchtet haben, sind wie schon gesagt sehr stabil und ändern sich auch mit zunehmendem Alter nur sehr wenig. In der Tat sind sie so prägend, dass sie mitunter andere Eigenschaften, die ein Mensch aufgrund seiner Stellung in der Familie auch entwickeln könnte, übertönen.

Überwiegend erlernte Eigenschaften

Wir kommen nun zu Charakterzügen, die fast vollständig erlernt erscheinen. Diese Eigenschaften lassen sich im Lebenslauf des Einzelnen zurückverfolgen, bis man erkennt, warum ein Mensch in bestimmten Situationen so und nicht anders denkt, fühlt oder handelt. Die Entwicklung dieser Merkmale wird stark von der eigenen Geburtsposition und der Erziehung beeinflusst.

Die gute Nachricht ist: Wenn Sie diese Anteile Ihres

Charakters verändern möchten, ist das in der Regel möglich. Es gibt verschiedene Eigenschaften, die ein Mensch in eine gewünschte Richtung entwickeln kann – ich habe im Folgenden vier davon ausgewählt. Eventuell braucht man professionelle Hilfe und muss vielleicht einiges an Zeit und Energie aufwenden, um die nötigen Veränderungen einzuleiten, aber dennoch ist eine Korrektur in diesen Punkten immer möglich.

Im Hinblick auf die in diesem Kapitel behandelten Eigenschaften ist es wichtig zu wissen, dass alle ausbaufähig sind. Sie entwickeln sich wie die Eigenschaften der persönlichen Familienposition im Wechselspiel mit der Umgebung, in der wir aufwachsen.

Menschen, die bedingungslos geliebt wurden und deren Eltern eine Atmosphäre schufen, in der sie sich optimal entwickeln konnten, werden sich wahrscheinlich jeweils am günstigen Ende des Spektrums wiederfinden. Doch auch bei widrigen Umständen können Sie später Schritte in die gewünschte Richtung einleiten, und zwar unabhängig von der eigenen Position in der Familie.

Hier kommen also vier Eigenschaften, die fast vollständig erworben oder durch Erfahrung erlernt sind.

Selbstbewusstsein

Selbstbewusstsein bedeutet, den eigenen Fähigkeiten und dem eigenen Urteilsvermögen zu vertrauen.

Am leichtesten entwickelt es sich, wenn die Eltern ihr Kind so lieben, wie es ist, und nicht aufgrund seiner Leistungen. Psychologen bezeichnen das als »bedingungslose Liebe«, welche die Basis für ein positives Selbstbild darstellt. Selbstbewusstsein erwächst auch daraus, indem die Eltern dem Kind vermitteln, dass sie seine Intelligenz schätzen und ihm kluge Entscheidungen zutrauen. Und wenn das Kind einen Fehler macht, erntet es nicht Vorwürfe oder Kritik, sondern die Eltern helfen ihm, daraus zu lernen.

Auch wenn Sie als Kind anders behandelt wurden, können Sie dennoch sehr selbstbewusst werden, indem Sie lernen, sich selbst Liebe und Anerkennung zukommen zu lassen. Als Erwachsener ist dies weitaus schwieriger, als wenn man es in der Kindheit unbewusst lernt, aber es ist durchaus möglich. Der direkteste Weg zu mehr Selbstbewusstsein verläuft über die professionelle Hilfe durch einen erfahrenen Therapeuten, doch mitunter reicht auch die bedingungslose Liebe eines anderen Menschen – selbst wenn man diese als Erwachsener zum ersten Mal erlebt.

Ehrgeiz

Manche Menschen verwechseln Impulsivität mit Ehrgeiz. Impulsivität bedeutet, dass jemand schnell handelt und die Gunst der Stunde nutzt, aber dabei keinen speziellen Plan im Sinn hat. Eine ehrgeizige

Person hingegen überlegt sich erst, was sie erreichen will, und ergreift dann jede Gelegenheit, mit der sie ihrem Ziel näherkommt.

Auch Ehrgeiz ist ein Charakterzug, der höchstwahrscheinlich in der Kindheit erworben wird. Wenn Eltern von ihren Kindern große Leistungen erwarten und sich ihrerseits hohe Ziele stecken und dafür hart arbeiten, stehen die Chancen gut, dass auch die Kinder Ehrgeiz entwickeln werden. Doch selbst ohne eine solche Erziehung kann man lernen, sich hohe, aber erreichbare Maßstäbe zu setzen, indem man sich ein Vorbild sucht, das die Leistungen vollbracht hat, die man von sich selbst erhofft. So lernen wir, wie andere Menschen vorgegangen sind, und können deren Strategien an unser eigenes Umfeld anpassen.

Doch Vorsicht: Großer Ehrgeiz geht keineswegs immer mit persönlichem Glück Hand in Hand. Zielstrebigkeit hat die dumme Angewohnheit, neue Ziele anstatt langfristige Zufriedenheit zu erzeugen. Das Geheimnis des Gleichgewichts zwischen Ehrgeiz und Glück liegt darin, sich ehrgeizige Ziele vorzunehmen und bereits den Weg dorthin zu genießen, anstatt zu erwarten, später im Erreichten zu schwelgen. Wer in der Gegenwart verwurzelt bleibt und bewusst wahrnimmt, was er gerade tut, für den ist Ehrgeiz eher ein angenehmer Ansporn, aktiv zu werden.

Es besteht ein Zusammenhang zwischen Ehrgeiz und den Eigenschaften der Geburtsposition: Erstgeborene werden am ehesten als ehrgeizig bezeichnet. Weil sie jedoch häufig hohe Maßstäbe an sich anlegen und ganz besondere Ziele anpeilen, um von ihren Eltern oder anderen Autoritätspersonen gelobt und anerkannt zu werden, macht dieser Ehrgeiz sie nur selten glücklich.

Ehrlichkeit

Alle Kinder durchlaufen ein Entwicklungsstadium, in dem sie lügen. Das ist Teil der sprachlichen Entwicklung und in dieser Hinsicht etwas Natürliches und Angeborenes. Wenn ein Kind also zu schwindeln beginnt, bedeutet dies schlichtweg, dass es begreift, dass Sprache auch dazu dienen kann, etwas abzustreiten, was gerade geschieht oder geschehen ist.

Die Fähigkeit zu lügen ist somit universell und Anzeichen einer normalen kognitiven Entwicklung. Ob jemand allerdings beschließt, gewohnheitsmäßig zu lügen, ist eine Entscheidung, die auf seinen persönlichen Erfahrungen beruht. Wenn Eltern ihren Kindern durch ihr Vorbild und geduldiges Erklären beigebracht haben, wie wichtig und vorteilhaft es ist, die Wahrheit zu sagen, werden auch die Kinder für gewöhnlich Ehrlichkeit schätzen und keine absichtlichen Lügen erzählen. Wer seine Kinder fürs Lügen bestraft, aber keine Alternative aufzeigt und nicht erklärt, warum Lügen falsch ist, wird Kinder großziehen, die versuchen, mittels Schwindeleien und Ausflüchten das zu bekommen, was sie wollen. Das gilt ganz besonders für Eltern, die selbst lügen und betrügen und sich dann freuen, dass sie mit ihrem Verhalten durchgekommen sind.

Ob wir also ehrlich oder unehrlich sind, hängt von den Werten ab, die wir in unserer Kindheit zu Hause gelernt haben, nicht jedoch von einem bestimmten Platz in der Geschwisterreihe.

Kommunikationstalent, Kontaktfreude und Selbstorganisation

Wenn jemand geschickt kommuniziert und Kontakte knüpft, ist dies kein Hinweis auf seinen Platz in der Geschwisterreihe. Dennoch besteht ein Bezug zwischen dem Erwerb dieser Fähigkeiten und der Geburtsposition.

Erstgeborene und Einzelkinder zeigen ein größeres Interesse daran, gute Kommunikationsfähigkeiten zu erwerben. Einzelkinder legen zudem großen Wert darauf, sich gut zu organisieren. Andererseits werden Nesthäkchen und Sandwichkinder mehr auf soziale Fähigkeiten aus sein.

Oft wird jemand als »Glückspilz« oder »Schlaukopf« bezeichnet, wenn er gut organisiert ist, problemlos auf andere zugehen oder sich gewählt ausdrücken kann – als ob solche Fähigkeiten angeboren wären. Sind sie aber nicht! Es handelt sich um erlernte Fähigkeiten, die man sich von anderen Menschen abgeguckt und immer wieder im entsprechenden Zusammenhang eingeübt hat.

Natürlich spielen bei der Entwicklung solcher Fähigkeiten auch die Gene eine Rolle, die es einem schwerer oder leichter machen, sich bestimmte Dinge anzueignen. Zum Beispiel ist die linke Hirnhälfte von Mädchen bei der Geburt größer als die von Jungen. Da das Sprachzentrum weitgehend in der linken Gehirnhälfte angesiedelt ist, hat diese Information zum Erkenntnisstand der Wissenschaft beigetragen, dass der Vorsprung der Mädchen beim Spracherwerb in hohem Maße auf der Gehirnstruktur beruht.

Ein anderes Beispiel sind Extrovertierte, denen mehr daran liegt, neue Menschen kennen zu lernen und sich mit ihnen anzufreunden, als Introvertierten. Deshalb fällt es extrovertierten Personen leichter als Introvertierten, die typischen Eigenschaften von Partylöwen zu entwickeln. Das ist aber nur Kulisse. Das Inhaltliche – das tatsächliche Verhalten und die Strategien –, das für Kompetenz in jeder Fähigkeit erforderlich ist, ist erlernt.

Insgesamt gilt, dass erworbene Fertigkeiten am leichtesten zu erlernen sind, wenn die Eltern sie vorleben und ein entsprechendes Verhalten bei ihren Kindern würdigen. Doch ebenso wie Selbstbewusstsein, Ehrlichkeit und Ehrgeiz sind all diese Qualitäten auch im späteren Leben noch erlernbar. Ein Vorbild, die entsprechende Lektüre und eventuell Kurse oder Seminare sind gute Möglichkeiten, jede dieser Fertigkeiten zu erwerben und auszubauen.

Angeboren oder erlernt?
Die großen Reizthemen

In diesem Abschnitt untersuchen wir Eigenschaften, bei denen der jeweilige Einfluss der Gene und der Erziehung nach wie vor umstritten ist.

Intelligenz

Wenn wir unter Intelligenz das Abschneiden bei IQ-Tests verstehen, sprechen wir über etwas, das definitiv eher erworben als angeboren ist. Allerdings wurde das Thema Intelligenz mittlerweile neu untersucht und zum Glück genauer definiert. Die meisten Wissenschaftler betrachten Intelligenz heutzutage nicht mehr als etwas Einheitliches, sondern als eine bestimmte Anzahl verschiedener Fähigkeiten – von der sprachlichen Intelligenz über die Körperwahrnehmung bis hin zur sozialen Intelligenz. Jeder dieser Bestandteile beruht sowohl auf genetischen als auch auf erworbenen Grundlagen. Die beste Darstellung, die mir zu diesem Thema bekannt ist, ist das schon etwas ältere Buch von Howard Gardner, *Frames of Mind* (siehe Literaturhinweise).

Wie intelligent jemand erscheint, kann dazu beitragen, seine Geburtsposition zu erraten – aber nur, wenn man Intelligenz *ausschließlich* im Sinne von IQ definiert. In diesem Sinne werden sich Erstgeborene und Einzelkinder wahrscheinlich stark bemühen, gute IQ-Fähigkeiten zu entwickeln, das heißt, in der Schule erfolgreich zu sein und sich vor allem ausgezeichnete verbale Fähigkeiten anzueignen. Wenn man Intelligenz hingegen so definiert wie Howard Gardner, also als eine Eigenschaft, die sich auf unterschiedlichste Weise – auch in Musik, Kunst, Mathematik oder Sport – zeigen kann, dürften Rückschlüsse auf die Geburtsposition eines Menschen kaum möglich sein.

Optimist oder Pessimist?

Bis vor relativ kurzer Zeit ging man mehrheitlich davon aus, dass die allgemeine Lebenseinstellung (ob man das Leben eher optimistisch oder eher pessimistisch sieht) vollständig erlernt ist, also ein Ergebnis unserer Erziehung und unserer persönlichen Erfahrungen. Anfang 2009 präsentierten Wissenschaftler der Universität Essex jedoch eine Studie, der zufolge Menschen mit einer bestimmten genetischen Variante

eher positive Bilder auswählen und negative meiden. Das ist natürlich noch kein abschließender Be-
leg, aber doch ein Hinweis darauf, dass die persönliche Lebenseinstellung auch genetisch bedingt sein
könnte. Somit könnten die Gene unser Weltbild unter
Umständen ganz erheblich beeinflussen.

Im Hinblick auf die Familienposition gibt es keine
zuverlässige Verbindung zwischen Optimismus oder
Pessimismus und dem eigenen Platz in der Familie.
Die Erziehung scheint dieses Thema weitaus stärker
zu beeinflussen als die Frage, ob ältere, jüngere oder
überhaupt Geschwister vorhanden waren.

Kreativität

Die Vorstellung, dass gewisse Menschen mit besonderen Talenten oder bestimmten kreativen Fähigkeiten
geboren wären, die andere nicht besitzen, hält sich
sehr hartnäckig. Das gilt allerdings auch im Umkehr-
schluss: Wer nicht mit einer besonderen Fähigkeit
geboren wird, wird niemals als besonders talentiert
oder gar als Genie betrachtet werden. Das eigentlich Überraschende an dieser Vorstellung ist, dass sie
allgemein verbreitet ist: Schließlich arbeiten all diese
angeblichen Genies oder Naturtalente hart für ihre
»natürliche Gabe«.

In Wahrheit verhält es sich mit der Kreativität wie
mit Intelligenz und Optimismus: Bei der Suche nach

dem relativen Anteil von Erziehung und Veranlagung stehen wir noch ziemlich am Anfang, und unabhängig von jeglichem angeborenen Talent spielt bei der Umsetzung stets auch die Erfahrung eine große Rolle.

Allerdings scheint es einen starken Zusammenhang zwischen Kreativität und der Familienposition zu geben. Eine psychologische Studie von Frank Sulloway ergab, dass unter den besonders kreativen, innovativen Köpfen ein unverhältnismäßig hoher Anteil Jüngster zu verzeichnen ist. Vermutlich gibt es dafür zwei Gründe: Erstens stehen die Jüngsten in der Regel weniger unter Druck, sich in eine bestimmte Richtung zu entwickeln. Deshalb ist es für sie einfacher, ihre ganz persönlichen Talente und Gaben auszuloten. Zweitens müssen die Jüngsten sich normalerweise auf eher unkonventionelle (also oft kreative oder innovative) Weise Aufmerksamkeit verschaffen, um sich von ihren älteren Geschwistern abzuheben.

Zusammenfassung: Eigenschaften der Familienposition und die Frage nach Veranlagung und Erziehung

In meinen Augen lassen sich selbst diejenigen der hier geschilderten Eigenschaften, die weitgehend angeboren sind, bis zu einem gewissen Grad verändern.

Ebenso haben auch die Fähigkeiten, die eher erworben sind, zumindest genetisch bedingte Anteile. All unsere Eigenschaften sind ein fundamentaler Teil von jedem Einzelnen von uns, ob sie nun für eine bestimmte Familienposition typisch sind oder nicht, doch alle lassen sich auch beeinflussen.

Deshalb ist es so wichtig, dass wir bei dem Versuch, uns selbst oder andere besser zu begreifen, eines bedenken: Die Eigenschaften der individuellen Geburtsposition können einen Menschen in vielerlei Hinsicht zutreffend beschreiben, sind aber kein vollständiger Schlüssel zu seinem Charakter. Nur wer das ganze Bild betrachtet, kann sich selbst und andere besser verstehen.

Nachwort

Mein Lieblingsbuch ist *Der Prophet* von Khalil Gibran. Ich glaube, niemand hatte mehr Verständnis für die Einzigartigkeit und Komplexität des menschlichen Charakters als dieser Autor.

Als ein Mann den Propheten bittet, ihm zu erklären, wie wir uns selbst wirklich kennen lernen können, warnt ihn der Prophet vor dem schieren Ausmaß dieser Aufgabe, indem er ihm sagt, das Selbst sei ein endloses Meer von unermesslicher Tiefe. Wenn wir versuchen, uns selbst oder unsere Seele zu verstehen, spricht der Prophet folgende Warnung aus:

> Sagt nicht: »Ich habe die Wahrheit gefunden«,
> sondern: »Ich habe eine Wahrheit gefunden.«
> Sagt nicht: »Ich habe den Pfad der Seele
> gefunden.«
> Sagt: »Ich bin auf meinem Weg der wandernden
> Seele begegnet.«
> Denn die Seele wandelt auf allen Wegen.
> Die Seele geht keinen geraden Weg,

noch wächst sie wie ein Schilfrohr.
Die Seele entfaltet sich,
gerade so wie ein tausendblättriger Lotos.

Der Prophet, Khalil Gibran, 1923

Danksagung

Mein aufrichtiger und tief empfundener Dank gilt meinen Patienten, die mich in den 30 Jahren meiner Tätigkeit als Psychologin so viel über das Wesen des Menschen gelehrt haben. Sie haben mir gezeigt, wie Familienmitglieder miteinander umgehen und voneinander profitieren.

Auch meinen Agenten, Amanda Preston und Luigi Bonomi, sowie meinem Verlag Piatkus – namentlich Jillian Stewart, Gill Bailey und Paola Ehrlich – bin ich zu großem Dank verpflichtet. Während der Arbeit an diesem Buch hatte ich oft Probleme, das optimale Verhältnis zwischen Forschungsergebnissen und Schilderungen aus meiner Praxis zu finden, um meinen Lesern und Leserinnen wissenschaftlich verbürgte Erkenntnisse und zugleich realistische und ermutigende Fallbeispiele vorzustellen. Diese Gratwanderung fiel mir zeitweise unendlich schwer, und ohne die regelmäßigen Vorschläge und den Zuspruch seitens meiner Lektoren hätte ich den Kampf vermutlich aufgegeben.

Insbesondere aber möchte ich meiner Familie danken – meinem Mann Rob und meinen Kindern Jon, Sam und Katy sowie Jons Frau Helen. Keiner von Euch hat sich je darüber beklagt, dass ich geistig so häufig abwesend war, während ich das, was ich in diesem Buch vermitteln wollte, strukturiert und umstrukturiert habe, und Ihr alle habt mich (unabhängig von der Reihenfolge Eurer Geburt) nach Kräften unterstützt, damit ich Zeit zum Schreiben hatte. Danke.

Literaturhinweise

Ansbacher, Heinz L., und Ansbacher, Rowena R. *Alfred Adlers Individualpsychologie. Eine systematische Darstellung seiner Lehre in Auszügen aus seinen Schriften*. München: 1995, 4. erg. Auflage.

(Alfred Adler gilt allgemein als der erste Psychologe, welcher der Geburtsposition eine Bedeutung zuschrieb.)

Baron-Cohen, Simon und Bolton, Patrick. *Autism. The Facts*. Oxford: 1993.

(Dieses Buch erklärt, wie Autismus entsteht und wie die Erkrankung erkannt und diagnostiziert wird.)

Blair, Linda. *The Happy Child: Everything You Need to Know to Raise Enthusiastic, Confident Children*. London: 2009.

(Besonders hilfreich sind vermutlich die Abschnitte zu Autismus und zu Diana Baumrinds Erziehungsstilen.)

Dahl, Roald. *Hexen hexen*. Reinbeck bei Hamburg: 1986.

(Dieses Buch enthält eine lebhafte Beschreibung eines schicksalhaften Moments, bei dem der Erzähler erfährt, dass seine Eltern bei einem Autounfall ums Leben kamen.)

Erikson, Erik H. *Identität und Lebenszyklus.* Frankfurt am Main: 1966.

(Die beste mir bekannte Darstellung der Identitätsbildung.)

Forrest, A. D., Affleck, J. W., und Zealley, A. K. (Hrsg.). *Companian to Psychiatric Studies, 2nd Edition.* Oxford: 1978.

(Auf den Seiten 187 und 188 fassen die Herausgeber Eysencks Theorie der Persönlichkeit zusammen und gehen insbesondere auf das Konzept von Introvertiertheit und Extrovertiertheit ein.)

Gardner, Howard. *Abschied vom IQ. Die Rahmen-Theorie der vielfachen Intelligenzen.* Stuttgart: 1994.

(Gardner beschreibt sieben Formen menschlicher Intelligenz, ihre Entstehungsweise und wie man sie erkennt.)

Gibran, Khalil: *Der Prophet.* München: 2009.

(*Von der Selbsterkenntnis*)

Gladwell, Malcolm. *Überflieger. Warum manche Menschen erfolgreich sind und andere nicht.* München: 2010 (2. Auflage).

(Gladwell ist ein genialer Erzähler. In diesem Buch erklärt er, warum manche Menschen Erfolg haben und andere nicht. Im zweiten Kapitel geht er besonders darauf ein, wie viel Mühe und Übung erforderlich sind, bis jemand als »Genie« gilt.)

Grose, Michael. *Why First Borns Rule the World and Last Borns Want to Change It*. Sydney: 2003.

(In meinen Augen zwar ein wenig flach, aber nichtsdestotrotz eine lohnende Lektüre.)

Richardson, Ronald, und Richardson, Lois. *Birth Order and You*. Bellingham, WA: 2000.

(Leicht zu lesen, auch wenn für meinen Geschmack zu viele Unterkategorien für die Geburtsposition aufgeführt wurden. Sehr viele Fallbeispiele.)

Roberts, Yvonne. *Grit: The Skills for Success – How They Are Grown*. London: 2009.

(Eine Zusammenfassung von aktuellen Studien und Belegen, warum manche Kinder im späteren Leben glücklich und erfolgreich werden und andere nicht – was natürlich mit einer Darstellung der Diskussion zum Thema »angeboren oder erlernt« einhergeht. Wunderbar geschrieben!)

Sulloway, Frank J. *Der Rebell der Familie. Geschwisterrivalität, kreatives Denken und Geschichte*. München: 1999.

(Relativ wissenschaftlich, aber mit einem sehr interessanten und gut belegten Standpunkt einschließlich vieler Beispiele historischer Personen und der Verbindungen zwischen Geburtsposition und Grundeinstellung. Sulloway vertritt die These, dass künstlerisch und wissenschaftlich besonders kreative Menschen fast immer Letztgeborene sind.)

Winner, Ellen. *Hochbegabt: Mythen und Realitäten von außergewöhnlichen Kindern.* Stuttgart: 1998.

(In diesem Buch beschreibt Winner, was »hochbegabt« bedeutet. Beachten Sie vor allem Kapitel 1, »Neun Mythen über Hochbegabung«.)

Register

Gemeinschaft statt Wettbewerb im Kindesalter

DR. STEPHAN VALENTIN

ICH LINGE

Warum unsere **Kinder** keine **Teamplayer** sind

GOLDMANN

Diplompsychologe Stephan Valentin zeigt in seinem Buch, wie wichtig das Gemeinschaftsgefühl bei Kindern in einer Zeit von Einzelgängern und ständigem Wettbewerb ist. Denn nur durch Gemeinschaft werden Kinder zu Teamplayern und glücklichen Erwachsenen.

336 Seiten
ISBN 978-3-442-17290-0

Um die ganze Welt des
GOLDMANN Verlages
kennenzulernen, besuchen Sie uns doch
im **Internet** unter:

www.goldmann-verlag.de

Dort können Sie
nach weiteren interessanten Büchern *stöbern*,
Näheres über unsere *Autoren* erfahren,
in *Leseproben* blättern, alle *Termine* zu Lesungen und
Events finden und den *Newsletter* mit interessanten
Neuigkeiten, Gewinnspielen etc. abonnieren.

Ein *Gesamtverzeichnis* aller Goldmann Bücher finden
Sie dort ebenfalls.

Sehen Sie sich auch unsere *Videos* auf YouTube an und
werden Sie ein *Facebook*-Fan des Goldmann Verlags!